Beck'sche Reihe
BsR 363

In diesem Buch steht das Problem der Religion im deutschen Kaiserreich im Mittelpunkt. Es geht um die beiden großen Kirchen, aber es geht auch um die Entchristlichung, die Position der Antikirchlichen und die der Unkirchlichen, und um die großen und kleinen Säkularreligionen der Jahrhundertwende. Neben den inneren Entwicklungen wird das Verhältnis aller Richtungen zu Politik, Gesellschaft und Kultur analysiert; die Frage nach dem Verhältnis zur Moderne und zu den Modernitätskrisen ist dabei die Schlüsselfrage. Die katholische Kirche, durch das I. Vatikanische Konzil auf einen antimodernistischen Kurs festgelegt, schafft mit ihrem Vereinswesen hochmoderne und relativ demokratische Strukturen, die sie auf die Dauer verwandeln und ihre Lebensfähigkeit stärken. Die evangelischen Kirchen polarisieren sich in einen theologisch modernen und eher sozialliberalen Flügel und einen theologisch wie politisch konservativen; beiden gemeinsam ist der lautstarke und emotionale Nationalismus. Die Kirchlichkeit freilich läßt, bei den Protestanten am stärksten, nach, aber die Konfession bleibt in Gesellschaft und Politik unverändert mächtig.

Thomas Nipperdey, geb. 1927, ist Professor für Neuere Geschichte an der Universität München. Im Verlag C.H.Beck erschien: ‚Deutsche Geschichte 1800–1866' (4. Auflage 1987); ‚Nachdenken über die deutsche Geschichte' (2. Auflage 1986).

THOMAS NIPPERDEY

Religion im Umbruch

Deutschland 1870–1918

VERLAG C.H.BECK MÜNCHEN

CIP-Titelaufnahme der Deutschen Bibliothek

Nipperdey, Thomas:
Religion im Umbruch : Deutschland 1870–1918 /
Thomas Nipperdey. – Orig.-Ausg. – München : Beck, 1988
(Beck'sche Reihe ; 363)
ISBN 3 406 33119 X
NE: GT

Originalausgabe
ISBN 3 406 33119 X

Umschlagentwurf von Uwe Göbel, München
Umschlagbild: ‚Der Gang nach Emmaus', Holzschnitt von Karl Schmidt-Rottluff

Gesamtherstellung: C.H.Beck'sche Buchdruckerei, Nördlingen
Printed in Germany

Inhalt

I. Einleitung

Dieses Buch ist entstanden im Rahmen meiner Arbeiten an einer Deutschen Geschichte von 1866 bis 1918. Das setzt den Rahmen.

Wenn man sich mit archaischen Kulturen, mit dem Mittelalter oder auch mit dem 16. Jahrhundert befaßt, ist es klar, daß Religion ein Zentralstück der Wirklichkeit ist, und auch die postreligiösen Historiker unserer Zeit werden das zur Geltung bringen müssen. Für das späte 19. und das frühe 20. Jahrhundert scheinen die Dinge anders zu liegen. Da ist Religion doch, so meinen wir, zu einer Provinz des Lebens geworden – neben dem, was nun im Zentrum steht: Politik, Wirtschaft, Gesellschaft und nachreligiöser, nichtreligiöser Kultur; und was es an Religion gibt, ist doch eher ein Überhang von Tradition. Diese Provinz ist dann die Sache von Spezialisten, und das sind die wiederum konfessionell getrennten oder vielleicht heute ökumenisch verbundenen Kirchenhistoriker.

Meine Absicht ist nicht, einfach eine solche Spezialgeschichte oder mehrere von ihnen zu geben, so wichtig diese auch immer sind. Meine Absicht ist vielmehr, indem ich über die Phänomene der Religion berichte und sie analysiere, eine Perspektive auf die allgemeine Geschichte zu bieten – Religion als ein Stück Deutungskultur, die die ganze Wirklichkeit der Lebenswelt konstituiert, das Verhalten der Menschen und ihren Lebenshorizont, ihre Lebensinterpretationen prägt, gesellschaftliche Strukturen und Prozesse, ja auch die Politik. Um das zu erkennen, muß man freilich, wie ich es hier versuche, Religion in einem weiteren Sinne verstehen: als Orientierungsmacht der etablierten Kirchen gewiß, dann aber auch als Prägung gesellschaftlicher und politischer Strukturen, und endlich als Gegenstand der wilden Negation oder des sanften Abbaus oder der säkularen Zivilreligion. Das sind zumindest die Dimensionen, von denen her ich das Interesse des Lesers an unserem Gegenstand ermuntern möchte.

Freilich, ich will und kann nicht alle Probleme der Deutschen Geschichte dieser Zeit unter religiösen Bezügen erörtern: Wirtschaft bleibt Wirtschaft und Politik bleibt Politik. Darum wird der Leser auch vergeblich eine analytische Erzählung der Geschehnisse des Kulturkampfes oder der Politik der Zentrumspartei suchen, oder auch etwas über den Beitrag der konfessionellen und der anti-religiösen Kulturen zur Entstehung des Antisemitismus oder über religiöse Züge der Mentalität von Bauern. Davon werde ich ein andermal handeln.

Ich beginne mit der institutionalisierten Religion, den beiden Konfessionen, den Kirchen. Sie sind wohletabliert, gehören zum Bestand der Tradition und zur Autorität, stehen in der sozialen Pyramide wie der Hierarchie der Herrschaft „oben", sind normsetzende Mächte des individuellen wie des sozialen Lebens. Auf dem Dorf und in der kleinen Stadt zumindest prägen die Kirchen die Volksschulen, die Geistlichen sind – auch – Instanzen der sozialen Kontrolle. Zu den Kirchen zu gehören, ist selbstverständlich, sich von ihnen zu distanzieren, bedarf der Rechtfertigung, stellt den Menschen außerhalb der Normalität.

Wie haben die Kirchen sich entwickelt, vor den Herausforderungen von Wandel und Modernität ihre Tradition bewahrt oder verändert?

II. Katholizismus

1. Sieg des Ultramontanismus

Die Geschichte des Katholizismus in unserem Zeitraum beginnt mit einem Paukenschlag und einer großen Krise. Das Erste Vatikanische Konzil hat 1870 die Unfehlbarkeit des Papstes in Fragen des Glaubens und der Sitte, wenn sie in der Tradition päpstlicher Lehrentscheidungen steht und ex cathedra verkündet wird, zum Dogma erhoben. Diese Entscheidung war bis zuletzt außerordentlich und bitter umstritten, und die Deutschen waren tief in diesen Streit verwickelt. Diese Entscheidung war ein Sieg des intransigenten Ultramontanismus, der Richtung also, die die Kirche zentralistisch und absolutistisch auf Rom und den Papst, auf Scholastik und Gegenreformation ausrichten, klerikalisieren und aggressiv von aller Moderne abgrenzen wollte. Diese Bewegung hatte sich, wie überall in Europa, im zweiten Jahrhundertdrittel auch in Deutschland durchgesetzt, alle Tendenzen zur Öffnung gegenüber der Moderne oder gar zur Vermittlung zurückgedrängt. Für die extrem ultramontane „Partei" – den Vatikan, die Jesuiten, den südeuropäischen Episkopat und Klerus vor allem – war die Erklärung der Unfehlbarkeit – nach der Dogmatisierung der unbefleckten Empfängnis Mariens von 1854 und der geballten Verdammung aller modernen Grundsätze und Institutionen im ‚Syllabus errorum' von 1864 – Schlußstein und Krönung der Erneuerung: Gegenmodell gegen die moderne Welt, gegen Rationalismus und Materialismus, Befestigung der Autorität gegen die Demokratie, der Unabhängigkeit der Kirche gegen die Machtansprüche der Regierungen und der Völker, ihrer Geschlossenheit gegen alle Auflösung, ihres Weltanschauungsmonopols gegenüber allen katholischen Laien. Und die Bedrohung des Kirchenstaates und der politischen

Unabhängigkeit des Papstes durch die italienische Nationalbewegung machte in den Augen der Ultramontanen die Sache noch dringlicher. Kurz, es ging nicht einfach um ein einzelnes Dogma, sondern um ein Symbol und Herzstück des ganzen Systems. Seitdem der Papst im Juli 1868 das Konzil zum 18. Dezember 1869 nach Rom einberufen hatte, lief die ultramontane Kampagne auf Hochtouren. Der Papst wurde gar als „Vizegott" der Menschheit bezeichnet.

In Deutschland waren solche entschieden Ultramontane zunächst eine Minderheit. Unter den Theologieprofessoren, im Klerus und selbst im Episkopat – vom katholischen Bürgertum nicht zu reden – gab es noch einen vor- oder nicht-ultramontanen Katholizismus, der modernen Bildung und dem modernen Staat weniger feindlich. Und, wichtiger: auch innerhalb der streng katholischen Richtung hatten sich nach der Jahrhundertmitte die Moderaten von den Extremen geschieden. Die katholischen Fakultäten von München und Tübingen, Bonn, Freiburg und Breslau waren nicht ultramontan. Den Syllabus hatten Kirche wie katholische Laien sehr restriktiv und abmildernd – gemeint sei jeweils nur der ‚falsche' Liberalismus – ausgelegt. Der Führer dieser Opposition wurde der Münchener Kirchenhistoriker Ignaz Döllinger, jahrzehntelang der große Repräsentant des entschiedenen Katholizismus. Auf einer von ihm schon 1863 einberufenen Versammlung katholischer Gelehrter in München, vornehmlich Theologen, hatte er gegen die Ultramontanen für die Verbindung der Theologie mit der freien, der historisch-kritischen Wissenschaft, für den Dialog mit der Zeit, für Offenheit und Selbstreform, für die Verteidigung des Glaubens mit zeitgemäßen Waffen und selbständiger Forschung, für einen gewissen Pluralismus auch, plädiert und für solche Theologie im Grunde eine dem Lehramt und der Kirche gleichberechtigte Stellung gefordert. Seine Gegner konnten spotten, er meine, daß eigentlich deutsche Professoren zur geistlichen Leitung der Kirche berufen seien. Er wandte sich gegen das Zerrbild, das ‚Jesuitismus' und ‚Romanismus' aus der katholischen Kirche gemacht hätten. Und er nannte die Theologie, für die er eintrat, deutsch, und die,

die er bekämpfte, römisch. Für diese Position trat die Mehrheit jener Versammlung ein.

Als 1868 die Agitation für das neue Dogma die katholische Welt erfüllte, rief das nicht nur die Besorgnis mancher Regierungen wach, nicht nur die flammende Empörung der Säkularisten und der Protestanten, sondern auch den leidenschaftlichen Widerstand der Mehrheit der wortfähigen Katholiken in Deutschland; und der sehr erfolgreiche Versuch der „Infallibilisten", über Klerus und Presse einen plebiszitären Massendruck zu inszenieren, das Ansinnen der römischen Jesuitenzeitung, das neue Dogma per Akklamation und also ohne Diskussion anzunehmen, die sich anbahnende extensive Auslegung der „Unfehlbarkeit", die Vorbereitung des Konzils fast ausschließlich durch Kurial-Ultramontane, die Tendenz der Intransigenten, ihre Gegner auf jede Weise zu entrechten und zu demütigen, die zunehmende ‚Vergötzung' des Papsttums, das alles verschärfte den Widerstand. Auch die Mehrheit der deutschen Bischöfe, 19 von 20, unter ihnen ihr geistiger Wortführer Wilhelm Emmanuel von Ketteler, waren gegen die neue Dogmatisierung, teils aus Grundsatz, teils aus „Opportunität", aus Sorge vor Konflikt, Abfall und Schisma. Ketteler und Karl Joseph Hefele schrieben auch entsprechende Broschüren; die neue Lehre mußte ja auch die Stellung der Bischöfe und alle nationale oder regionale Autonomie beeinträchtigen. Auch maßgebende katholische Politiker wie Ludwig Windthorst und August Reichensperger oder der prononciert katholische Historiker Johannes Janssen hielten die Dogmatisierung jedenfalls für inopportun, und viele Katholiken der Bildungsschicht, etwa im Rheinland, appellierten an Bischöfe und Konzil gegen solche Fixierung für eine ‚liberale' Reform. Freilich, Professoren und zumal Theologen gaben dem Widerstand Argument und Wort, Döllinger wurde zum geistig-publizistischen Führer der Opposition. Er wies nach, und das war für das historisch-wissenschaftlich gestimmte Jahrhundert wichtig genug, daß die Lehre von der Unfehlbarkeit niemals, wie behauptet, einhelliger Glaube der katholischen Kirche gewesen sei und daß ihre Verfechter mit eklatanten historischen Fälschungen arbeiteten; er sah ein aufgezwungenes theokratisches Glaubenssystem, das die wahre christliche Religion verfälsche und schwäche, und er wandte sich auch – national – gegen die maßlosen Zumutungen des italienischen Priestertums. 1869 schrieb er, unter dem Pseudonym Janus, ‚Der Papst und das Konzil', zuerst in der führenden (Augsburger) ‚Allgemeinen Zeitung' publiziert; während des Konzils dann berichtete und kommentierte er, durch seinen Schüler Lord Acton, den eigentlichen Organisator der Opposition im Konzil, durch den bayerischen Gesandten und durch dissentierende Kuriale gut informiert, als Quirinus in seinen ‚Römischen Briefen', wiederum in der ‚Allgemeinen Zeitung'.

Aber, wie man weiß, die Infallibilisten setzten sich – auch, wenn auch keineswegs nur, mit mancherlei Manipulationen und massivem Druck – durch. Bei der endgültigen Abstimmung stimmten noch 11 deutsche Bischöfe gegen das neue Dogma. Danach unterwarfen sie sich dem Beschluß, zum Teil wiederum unter massivem Druck, zuletzt im April 1871 der Rottenburger Bischof und große Kirchenhistoriker Hefele. Die Rücksicht auf die kirchliche Einheit und die Autorität, auf das katholische Volk, auf die Erhaltung des Glaubens, der Kampf gegen die Anarchie – all das spielte eine Rolle. Die innere Distanz gaben manche von ihnen, wie viele Theologen, etwa in der resignierenden Tübinger Fakultät, und Kleriker, nicht auf; der Bischof von Ermland, Philipp Krementz, später Erzbischof von Köln, meinte, kaum ein Dutzend seiner Pfarrer glaubten an das neue Dogma.

Aber der entschiedene Ultramontanismus hatte gesiegt, und innere Vorbehalte der Unterlegenen konnten dagegen nicht aufkommen. Nicht das „Volk Gottes", sondern Amtskirche und Hierarchie waren entscheidend. Der nicht-ultramontane Katholizismus lag in Trümmern. Zwar haben die Päpste – entgegen den zeitgenössischen Befürchtungen – von der neuen Möglichkeit direkt wenig Gebrauch gemacht. Aber indirekt war die Entscheidung von 1870 Grundlage ihrer neuen hochgesteigerten Autorität, auch die Enzykliken und andere Willensäußerungen standen unter der Aura wenigstens der Irrtumslosigkeit. Weil der Konflikt auch ein Symbolkonflikt gewesen war, hatte sein Ausgang generell eine ultramontan-integrale Orientierung der katholischen Kirche zur Folge.

In Deutschland hat die Konzilsentscheidung unter Theologen und in der Bildungsschicht eine Aufsehen erregende Opposition hervorgerufen, die dann in die Sezession der Altkatholiken mündete. Döllinger und sein Kollege Johann Friedrich verweigerten die Unterwerfung. Im September 1870 kam es zur Protesterklärung von Königswinter, die fast 1400 Unterschriften fand. In München erklärten sich 1800 Unfehlbarkeitsgegner, darunter fast alle Magistratsmitglieder, gegen das neue Dogma und wandten sich gar an den König, und ähnlich war es in anderen Städten oder in den katholischen Studentenverbindungen; auch nationale Töne – gegen welschen Übermut und welsche Unwissenheit – flossen mit ein. Die Amtskirche exkommunizierte die beteiligten Theologen und Professoren, die Bewegung organisierte sich in eigenen Gemeinden und – 1873 – einer altkatholischen Kirche mit eigenem Bischof. Freilich, von den vielen – manche meinen Hunderttausenden – Laien, die anfangs mitprotestierten, haben sich nur wenige dann wirklich von der Gesamtkirche losgesagt. Die Altkatholiken blieben eine Gelehrtenhäresie, eine kleine Protestkirche bürgerlicher Bildung, die Opposition verebbte. Es war nicht primär der Kulturkampf, der die auch von den Bischöfen befürchtete größere Sezession verhinderte – auch in Österreich, in der Schweiz, in Frankreich verliefen die Dinge ähnlich. Der Traditionalismus des Kirchenvolkes und die ultramontane Vorprägung waren stärker, das neue Dogma war nicht von so elementarer und vitaler Bewegkraft, um eine Spaltung zu begründen. Erst vor diesem Hintergrund war es dann auch das feindliche Klima des beginnenden Kulturkampfes, das Priester und gebildete Gläubige ins Schweigen und in die Verbindung zu Rom zurückzwang. Döllinger selbst blieb der Kirche seiner Schüler fern, exkommuniziert, kritisch gegen Rom, aber zur Rückkehr bereit, für eine neue Ökumene, als Akademiepräsident und großer Redner in München auch weiter einflußreich.

Die katholische Kirche hatte eine schwere Krise überstanden und war aus ihr nun einheitlicher, römischer, ultramontaner hervorgegangen. Wie sah sie aus?

Die katholische Theologie wurde nun endgültig von der Neuscholastik, genauer: vom Neuthomismus beherrscht. Die letzten Theologen, die im Schatten des deutschen Idealismus, des romantisch-historischen großen Tübinger Theologen Johann Adam Möhler oder im Sinne eines christlichen Personalismus arbeiteten – wie der Tübinger Johannes Kuhn –, waren kaltgestellt. Der scharfsinnige deutsche Mitbegründer der Neuscholastik Joseph Kleutgen, philosophisch eigentlich ein Wolffianer, hatte gemeint, daß die scholastische Philosophie ein zeitloses System aprioristischer Philosophie sei, die auch die modernen Fragen enthalte und beantworte; auch die Dogmatik dieser Jahrzehnte von Matthias Scheeben, 1875–1887 erschienen, hielt daran fest, freilich schon etwas eng und sehr römisch orientiert; aber die Theologie wurde – trotz ihres Anspruchs, die Zeit im Überzeitlichen aufzuheben – doch zu einem einigermaßen konventionellen Begriffssystem jenseits der Denkprobleme der Zeit; Polemik gegen Vernunft und jegliche Vermittlungsversuche, gegen die Philosophie der Gegenwart und der Moderne und gegen die Orientierung an der Geschichte wucherte; ja die Apologetik – mehr massiv denn subtil und oft krude und beschränkt, gegen Materialismus, Empirismus, Agnostizismus, gegen historische Kritik und Bibelkritik, gegen die Evolutionstheorie z. B. – wurde zum Hauptzweck der Theologie; danach folgte die Sozialethik. Der Kernbestand des Glaubens brauchte nicht immer neu reflektiert zu werden.

Die Priesterbildung war unter diesen Umständen nicht wissenschaftlich orientiert, es kam nicht auf gelehrte, sondern auf fromme und gehorsame Priester an; die Polemik gegen die Universitätsausbildung spielte bei den Intransigenten noch einmal eine große Rolle, nur mit Mühe haben die Moderaten deren Versuch einer „Priesterausbildung unter der Glasglocke" abgewehrt, aber die Atmosphäre der bischöflichen Konvikte (oder, für die Elite, die der Institutionen in Rom), in denen die Studenten lebten, war prägender als die Wissenschaft. Der katholische Klerus, gemeinhin bäuerlich-kleinbürgerlicher Herkunft, war, anders als die protestantische Pfarrerschaft, nicht akademisch-intellektuell, nicht bildungsbürgerlich, insofern freilich dem einfachen Volk auch näher.

Die Kirche war zunehmend zentralistisch und hierarchisch organisiert. Innerkirchlich wurden die kirchlich liberalen und politisch staatsfreundlich-konservativen Geistlichen schon vor 1870 kaltgestellt, Vaticanum und Kulturkampf haben das endgültig verfestigt. Immer mehr Entscheidungen wurden in Rom getroffen, die Berichts- und Besuchspflichten der Bischöfe straff gehandhabt, Ausbildung in Rom und Romtreue waren Hauptkriterien der Ämterbesetzung. Die Bischofswahlen der – formell selbständigen – Domkapitel waren kirchlich doch letzten Endes von römischem Einfluß bestimmt, der Nuntius (in München) erhielt immer mehr formelle und informelle Befugnisse zum Eingreifen.

Im wechselseitigen Zusammenhang mit der Zentralisierung und Hierarchisierung stand auch die noch zunehmende Verrechtlichung der katholischen Kirche, in der kanonische Sätze und juristische Regelungen zunehmend über Leben und Geist gesetzt wurden. Innerhalb der Diözesen war die Stellung der Bischöfe stark herausgehoben, ja autoritär; eine regelmäßige Konferenz der deutschen Bischöfe in Fulda war für die gemeinsamen Belange zuständig.

Eine gewisse Rolle spielte natürlich noch der staatliche Einfluß bei der Besetzung kirchlicher Positionen. Aber der stieß an seine Grenzen. In den preußischen Domkapiteln, die immerhin die Bischöfe wählten, konnte der König die in ungeraden Monaten entstehenden Vakanzen besetzen und ebenso das Amt des Domprobstes – wenn der Bischof den Vorgeschlagenen nicht das Zeugnis der Eignung verweigerte. Bei den Bischofswahlen hatte der Staat in Preußen ein Vetorecht, in Bayern gar ein Nominationsrecht. De facto hieß das, Kirche und Staat konnten sich gegenseitig blockieren; also gab es Vorverhandlungen, zwischen Kapitel, Kurie und Staat, es gab Kandidatenlisten, von denen die jeweils andere Seite Namen strich. Die Kirche, die den Kulturkampf als Versuch einer staatlich verordneten ‚Protestantisierung des Katholizismus' interpretierte, war von daher natürlich entschieden gegen alle staatliche Einflußnahme. Und de facto saßen in diesem Ringen Kirche und Papst am längeren Hebelarm. Als Preußen den Kulturkampf abbaute, versuchte der Staat, wissenschaftliche, ‚gebildete', ‚würdige', kirchlich angesehene und politisch loyale oder jedenfalls friedliche Priester in Bischofsämter zu bringen. Damit ist er im allgemeinen gescheitert, in der Kurie wie in den Domkapiteln. Normalerweise kam es allerdings zu einem Arrangement zwischen Berlin und Rom. Nur in einem Fall errang der Staat einen Erfolg, das war die Wahl des Hildesheimer Generalvikars Georg Kopp zum Bischof von Fulda und später zum Erzbischof von Breslau. Er wurde der Protagonist des zur Verständigung mit dem Staat bereiten Flügels des Episkopats. In Trier dagegen kam es zur Wahl des auch vom Staat unterstützten Bischofs Felix Korum, der dann zum Wortführer des ultramontanen oppositionellen Katholizismus und Streitgenossen des Zentrumsführers Ludwig Windthorst wurde, ähnlich wie die Bischöfe von Würzburg, Eichstätt oder der von Mainz. Anderswo, z.B. in Paderborn und Osnabrück, wurden romtreue Ultramontane gewählt, aber solche, die nicht radikal regierungsfeindlich waren, sondern ruhiger und kooperationsbereiter. Natürlich war die Haltung eines Kandidaten nie mit Sicherheit zu prognostizieren, daraus erklären sich so manche staatlichen Zustimmungen und Enttäuschungen. Wichtig war, daß es auch in Rom einen Gegensatz zwischen Konfrontations- und Kooperationsanhängern gab und daß sich etwa 1885 unter Leo XIII. der Kooperationskurs durchsetzte; seitdem bestimmte in Deutschland Kopp stärker den Verhandlungskurs, in den Grenzen, die der Ultramontanismus setzte. Das bedeutete im ganzen: kirchlich korrekte, aber nicht wild-militante Bischöfe, so etwa in Köln oder Posen. Der Staat verzichtete auf direkte Einmischung in Kirchendinge, die Kirche ordnete sich loyal in den Nationalstaat ein, sie kooperierte im Wege der Verwaltungsvereinbarungen und des modus vivendi, unter Aussparung von Grundsatzfragen mit der Regierung. Eine strittige Frage z.B. wie die nach Seminar- und Universitätsbildung der Priester wurde so gelöst, daß beide Typen nebeneinander bestehen konnten. Man kann auch so zusammenfassen: Die Hierarchie war streng kirchlich nach innen, nach außen aber in den Nationalstaat eingefügt. Auch der Versuch des preußischen Staates, die Domkapitel zu einer Art geistlichen Regierung der Diözese zu machen, war gescheitert; nur über Militär-, Gymnasial- und Schulverwaltungsstellen und die wenigen vom Staat besetzbaren Kapitelstellen konnte der Staat den Resten des nicht-ultramontanen, staatsfreundlichen Katholizismus gewisse Rückzugspositionen sichern.

Dagegen gab es mit der Zeit doch auch in dieser hierarchischen Organisation der Kirche eine wesentliche Spannung – die Spannung zwischen dem politisch und sozial konservativeren Episkopat und den populistischen oder sozial engagierten Kaplänen, die gegen das staatlich-großbürgerliche Establishment waren, aus Opposition bei Stichwahlen zur Not auch die Sozialdemokraten unterstützten – z. B. bei der Einführung des allgemeinen Wahlrechts in Bayern oder zur Verhinderung einer bürgerlich-protestantischen Mehrheit. Diese – oft so genannten – „roten" Kapläne waren der ‚Basis' nahe, den höheren diplomatischen und allgemeinen Rücksichten fern. Die katholische Mobilisierung von Massen, auch für Wahlen, hatte ihren Preis, man konnte die oppositionellen Emotionen nicht nach Belieben abkappen. Die Kirchenführer suchten dergleichen nach dem Kulturkampf zu zähmen oder abzubiegen, aber ganz gelang das nie. Das war kein Bruch in der hierarchischen Kirche, aber politisch blieb zwischen „Kaplanokratie" und Episkopat doch eine latente Spannung. Vor 1914 hat Pius X. bei der Besetzung der Bischofsstühle darum einen betont konservativen Kurs verfolgt, kirchlich wie politisch. Freilich, was die Kirchlichkeit anbetraf, so ergaben sich aus der politisch radikaleren Einstellung der Kapläne keine Probleme.

Zur etablierten Kirche gehörten die Orden, auch sie streng römisch ausgerichtet und mit einem leichten Vorrang der spezifisch „römischen" – jesuitennahen – Orden. Die fortdauernde, ja wachsende Vitalität der Kirche erweist sich gerade darin, daß die Orden sich noch ausdehnen, die weiblichen Orden wachsen geradezu sprunghaft. Über die pädagogischen, pflegerischen, caritativ-sozialen Aktivitäten wirken sie, für jedermann sichtbar, ins Breite; in paritätischen und Diasporagemeinden werden katholische Krankenhäuser deshalb besonders gern gegründet, um Orden zur Krankenpflege zu gewinnen; die großen Anstalten für Behinderte (z.B. in Dillingen, seit 1854, oder in Ursberg/Württemberg, 1884) werden von Orden getragen.

Wie sah die Frömmigkeit des Volkes aus, die die so organisierte Kirche prägte? Zuerst: Kult und Ritus rangieren vor der Rede; Lebensorientierung und Lebenshalt, die die Kirche gewährt, sind vor allem symbolisch, in den Formen und Beschwörungen des Ritus präsent. Das Überlieferte dauert, ja intensiviert sich: die täglichen Messen, die Andachten, das Rosenkranz-Beten, die Prozessionen, die Feste. Die neuen Verkehrsmöglichkeiten machen den Bischof durch Reisen zu Firmung und Fest präsent wie nie zuvor; auch die Wallfahrten erreichen Rekorde – das bayerische Altötting z.B. sieht vor 1914 etwa 300000 Pilger pro Jahr; Prozessionen nehmen zu und die religiösen Brauchtumsfeste – wie der Leonhardiritt im bayerischen Oberland; dem entspricht die Zunahme der Auflagen der Andachtsbücher. Natürlich, das Leben und Sagen der Kirche kreist um Sünde, Tod, Gericht und Erlösung, alles Handeln wird – sehr unmittelbar – auf Gott und den Dienst an Gott bezogen, alle menschlichen und gesellschaftlichen Probleme werden auf religiös-moralische Defizite zurückgeführt. Integraler Teil der kirchlichen Lebensweisung ist ein strenger und auch – man darf es heute in permissiver Zeit doch sagen – enger rigoroser Moralismus, der alles über den Leisten der kirchlich patentierten Moral – mit einer gewissen Vorliebe für die Sexualmoral – schlägt. Die neuen und zeitcharakteristischen Frömmigkeitsformen sind stark römisch-romanisch geprägt und setzen die Tendenzen der Jahrhundertmitte fort: Wir finden eine weitere Intensivierung des Marienkultes, der viele der älteren Heiligenkulte – nur Antonius und Joseph eigentlich bleiben volkstümlich – zurückdrängt, und in diesem Kult auch ein gut Teil Sentimentalisierung, da mag eine kompensatorische Sehnsucht nach mütterlicher Geborgenheit eine Rolle spielen. Daneben entfaltet sich dann der Herz-Jesu-Kult, mit dem demonstrativ herrschaftlichen Akzent auf Christus als König der Welt – beim oberdeutschen Bauern stehen häufig genug das Herz Jesu und das Mariens neben dem Kruzifix. Dann gehört dazu die eucharistische Frömmigkeit: die Anbetung des Sakraments – wiederum im Sinne des Königtums Christi –, die aus Frankreich stammenden Massendemonstrationen der „eucharistischen Kongresse", nach 1900 auch in Deutschland, auf denen auch für die „Sünden der Regierungen" öffentlich Buße getan werden soll; dazu gehört auch – gegen die alten jansenistischen Bedenken wegen des fehlenden Bußernstes – die Propagierung des häufigen, ja täglichen Sakramentsempfangs. Schließlich gehören Kirche und Papst zu den Zentralstücken von Kult und Predigt. Gerade nach dem Untergang des Kirchenstaates wird der Papstkult mächtig: häufige Jubiläumsfeiern, ein freiwilliger Peterspfennig, Pilgerfahrten nach Rom, die Verbreitung von Papstbildern (besonders das Leos XIII.). Der Papst ist ständig präsent und wird – ‚Märtyrer' und ‚Gefangener' – ein integratives Symbol. Die Kirche selbst wird zum Gegenstand der Frömmigkeit; und da der Laie eigentlich als selbständige Figur nicht vorkommt, ist Kirche nicht das Gottesvolk, sondern die Institution und ihre Hierarchie. Und es ist die ecclesia militans, die ecclesia triumphans, von der hier die Rede ist. Die Kirche predigt sich selbst; Gehorsam gegenüber der Kirche z. B. – wider das eigene Meinen und Wollen – wird zu einer immer wieder eingeschärften Tugend. Im Kult wird die Rolle des Priesters betont, etwa beim Meßopfer – gegen den „Kommunismus" einer aufklärerischen Gemeindetheologie. Freilich, das extreme Verbot, Meßtexte zu übersetzen, wird schon 1879 stillschweigend nicht erneuert und auch nicht befolgt: Anselm Schotts ‚Meßbuch der Heiligen Kirche' von 1884 lag 1906 schon in 100000 Exemplaren vor („der Schott"). Die Anfänge der – nach 1918 – so berühmten modernen liturgischen Bewegung freilich, im neugegründeten Beuron und in Maria Laach, bleiben zuerst auf eine fast esoterische Reinigung und Wiederherstellung der alten Liturgie beschränkt. Ähnlich ist es mit der Kirchenmusik: Der „Cäcilienverein" (1868) zur Pflege und Erneuerung der katholischen Kirchenmusik wendet sich archaisierend gegen den Zeitgeschmack, gegen das 19. Jahrhundert, die unliturgische Musik der Romantik wie der Klassik, Palestrina und der Gregorianik zu – dem größten Frommen unter den Musikern der eigenen Zeit, Anton Bruckner, blieb man ganz fremd.

Zur Verkündigung der Kirche gehört schließlich die scharfe Abgrenzung gegen die Welt, die moderne, die feindliche Welt. Predigt wie Literatur verraten gemeinhin eine furchtsame Unkenntnis der eigenen Gegenwart, ja den Mangel an Kategorien, sie zu erfassen. Modernität, das war Gefahr des Liberalismus, des Rationalismus, des Sozialismus etc., war Gefahr vor allem der Entkirchlichung und Entsittlichung. Die Kirche grenzt sich dagegen rigoros ab, zieht Schranken, isoliert sich.

Im ganzen spielen objektive, sichtbare „äußere" Formen der Frömmigkeitsübung eine große Rolle – die Ultramontanen hatten einen massiven Verdacht gegen zuviel „Innerlichkeit": Pilger- und Wallfahrten, rituelle Andacht, häufiges Rosenkranzgebet, Feldumgang, die überlieferten und neubelebten Formen sollten bleiben und dauern. Die ‚magischen' Vorstellungen der Bauern, ja des Landvolks – daß die Beachtung der kirchlichen Riten direkten und materiellen Nutzen bringen –, ja die Relikte des Aberglaubens in der ‚Volksreligion', wurden gerade in der neuen ultramontanen Kirchlichkeit und ihrer Abweisung aller ‚nur' symbolischen Interpretation erhalten, ja revitalisiert – das waren die ‚heidnischen' Reste unterhalb des Kirchenglaubens.

Dazu trat zwar ein starker Appell an das Gefühl und damit die Subjektivität, aber die individuelle Frömmigkeit war doch ganz und gar in die Gruppenfrömmigkeit eingebunden. Solche Objektivität regulierter Formen hatte durchaus eine sozial integrative Wirkung, täglich präsent waren sie Stützen des Selbstseins in einer feindlichen Welt. Von heute her läßt sich viel Konvention, viel Aber- und Mirakelglaube, viel ‚Äußerlichkeit' entdecken. Aber niemand kann ermessen, welche innerliche, personale Bedeutung solche uns fremden Kultweisen für den Einzelnen hatten. Das gilt auch für die heute noch sichtbaren Reste jener Frömmigkeit, den Kitsch in Bild und Devotionalien: Der von den Bildungsschichten übernommene Anspruch auf Teihabe an der Kunst wurde im Zeitalter der Reproduktion und der zunehmenden Esoterik wahrer Kunst mit den Banalitäten einer nur vorgespielten Erhebung übers Alltägliche abgespeist; aber der Schwund echten Kunstsinnes sagt nichts über die Echtheit des an ihn sich bindenden religiösen Gefühls. Wir sollten demgegenüber bescheiden sein.

Die Kirche ist aktiv. Die Volksmissionen kommen um 1900 auf ihren Höhepunkt. Die Gemeinden werden im Zug der Bevölkerungsverschiebung ausgebaut, neue Kirchen werden gebaut, nur in typischen Arbeitervororten der Großstädte hinkt das beträchtlich nach. Die Kirchenglieder sind von einem Netz von Bruderschaften, Kongregationen, kirchlichen Vereinen (Kindheit-Jesu-Vereinen, Vereinen der Heiligen Familie, Männer-, Jünglings- und Jungfrauenvereinen, Missions-, Kirchenbau-, Cäcilien-, Vinzenz(Caritas)vereinen und endlos vielen mehr) umfangen und organisiert; darin lebt eine starke Binnenaktivität, darin bleiben auch die Pfarreien noch durchaus für die ihnen Zugehörigen Lebenszentren.

Natürlich, auch in Deutschland ist die Kirche über 50 Jahre hin nicht einfach die gleiche geblieben, und ihre Geschichte ist auch nicht einfach der Triumph des Ultramontanismus. In einer zentralistischen Organisation haben auch die drei Pontifikate dieses Zeitraums prägend gewirkt. Das Pontifikat Pius IX. war – im Zeichen des Kulturkampfes zumal – der Höhepunkt des ultramontanen päpstlichen Absolutismus. Leo XIII., mehr auf Verständigung mit Staat und Gesellschaft gestellt, zeigte zumal in seinen ersten Jahren Ansätze zu mancher Öffnung, während Pius X. wieder stark kirchenzugewandt, autoritär, konservativ, integralistisch regierte; gegen Modernismus und Pluralismus hat er den Klerikalismus der Kirche noch einmal verschärft. Das mochte die Reflektierer und auf Neuerungen Bedachten, mochte Kirchenführer und Politiker angehen und die Beziehungen der Kirche zu den großen sozialen, politischen, geistigen Mächten der Zeit – Glauben und Frömmigkeit des Volkes aber waren davon über 50 Jahre hin im Grunde wenig berührt.

3. Kirchentreue

Wie katholisch, wie kirchlich waren die deutschen Katholiken und welche Veränderungen traten da ein? Unser statistisches Material ist ganz fragmentarisch, die Kirche legte auf umfassende und genaue, gar veröffentlichte Statistik keinen Wert. Auf dem Dorf und in den kleinen Städten bleibt man – mit den erwähnten Einsprengseln älteren magischen Volksglaubens – kirchlich und fromm, die Kommunionshäufigkeit wird – in Bayern – mit zwei- bis dreimal im Jahr angegeben, für eine Minderheit mit vier- bis fünfmal im Jahr. Der Besuch der Sonntagsmesse ist noch die Regel, wenn auch ein Teil der Männer nur (aus dem Wirtshaus) zur Wandlung kommt, andere Messen verlieren, so die Berichte, Besucher. Auch wo es, wie in Bayern, bäuerlichen Antiklerikalismus gibt, wie er sich im ‚Bayerischen Bauernbund' organisiert, bleibt man katholisch. In Randgemeinden der Großstadt läßt die sicht- und meßbare Frömmigkeit bei den nicht-bäuerlichen Schichten und den Dienstboten nach; hier gibt es Männer, die nicht mehr zur Osterkommunion gehen. Anders ist es in den großen Städten. Mittleres und kleines Bürgertum (und die entsprechenden Wohnviertel) weisen eine intensive Kirchlichkeit auf, in den Arbeitervierteln und -vorstädten nimmt sie ab. In München liegt die Kommunionshäufigkeit schon 1887/88 bei durchschnittlich 2,3, die Teilnahme an der Osterkommunion bei 40%, es gibt also schon nicht geringe Gruppen von Nicht-Kommunikanten. Diese Tendenz verstärkt sich: 1912 heißt es in einem, gewiß subjektiven, Rückblick, vor 25 Jahren sei Köln „das Rom Deutschlands" gewesen, jetzt feierten nur noch 25% der Arbeiter die Osterkommunion. Die große Stadt löst die bergenden Sitten der Geburtswelt auf und lockert die religiös-soziale Kontrolle, pluralisiert die Lebenswelt und setzt auch den Katholiken der ständigen Konfrontation mit säkularen und antikatholischen Verhaltensweisen und Überzeugungen aus, anderen, nicht mehr kirchlich symbolischen, scheinbar rationaleren Orientierungsangeboten. Die Machbarkeit der Welt, die Verbesserung des Lebens, das innerweltliche Wohlbehagen rücken, wenn schon nicht näher, so doch in den Blick. Wie das gebildete Bürgertum mit der Kirche lebte, wissen wir nicht genau genug. Es gab keine nennenswerte Auswanderung aus der Kirche, im Gegenteil, der Kulturkampf hat die Kirchenloyalität auch der Halbliberalen wieder intensiviert. Man wird mit einem resignierenden Zurückstellen der intellektuellen Fragen und manchem schweigenden Vorbehalt rechnen dürfen – die emphatische Aufnahme der Reformschriften um 1900 spricht dafür –, aber die verbindlichen Sätze, Riten, Gebote nahm man hin; die dem normalen Volk verborgenen menschlichen Schwächen der Kirche, bei Bischofswahlen oder römischen Entscheidungen, kannte man, aber sie störten nicht. Die Laienorganisationen waren vielfach der Ort katholisch legitimierter Aktivität. Die Bürger also waren kirchentreu und gut katholisch, aber nicht so klerikal wie die Kirche selbst.

Die Zahl der Zentrumswähler ist ein relativ guter Anhaltspunkt für die Kirchenbindung der Männer, man muß freilich die elsässischen und die polnischen Katholiken und die Bauernbündler, muß auch die geringere Wahlbeteiligung der Katholiken zudem mit in Rechnung stellen. Mitte der 70er Jahre stimmten etwa 83% der katholischen Wähler (bei 6–7% geringerer Wahlbeteiligung) für die Zentrumspartei, 1912 nur noch 54,6% (bei 2% geringerer Beteiligung); ich schätze darum den Anteil der kirchentreuen Männer zuerst auf knapp 90% und zuletzt auf 60%. Der dramatische Abfall wie die hohe Konstanz sind erstaunlich. Die Kirche verliert Menschen, aber sie behauptet sich auf hohem Niveau. In der Kulturkampfzeit spielt gewiß für die Massen der ‚kleinen Leute' der Gegensatz zum beamteten liberalen Establishment eine Rolle und stärkt auch die Kirchenzugehörigkeit. Seit 1890 bröckelt der Katholizismus am Rand. Katholische Arbeiter gehen auch zur Sozialdemokratie über (und in der täglichen Praxis, etwa der Sexualmoral gibt es mehr und andere Säkularisierung). Da die Frauen durchaus kirchentreuer sind, ist der Anteil der Kirchentreuen unter den Erwachsenen aber wiederum höher. Daß dabei Sitte und Konvention eine große Rolle spielten, kann nur Existentialisten wundern.

4. Das *„katholische Milieu"*

Der deutsche Katholizismus nun ist weit mehr als die organisierte katholische Kirche. Das, was für die Zeit des Kaiserreichs nach der ultramontanen Ausrichtung der Kirche wichtig ist, ist die Bildung des „katholischen Milieus", einer katholischen „Subkultur" von unerhörter Dichte und Intensität. Träger dieses Milieus waren, neben einer eigenen Presse, die katholischen Vereine: Der deutsche Katholizismus wurde zum Vereins- und Verbandskatholizismus. Wir haben die pastoralen Vereine für einzelne Gruppen und für bestimmte religiös-kultische Zwecke erwähnt. Dazu aber kamen übergreifende Vereine für kirchliche Zwecke, z.B. der lange schon bestehende Borromäusverein für katholische Volksbüchereien, der Bonifatiusverein für die katholische Diaspora, die caritativen Vinzenzvereine, die Michaelsbruderschaften für Papst und Kirchenstaat, die Missionsvereine, die „Casinos" für allgemeine Geselligkeit und lokale (und politische) Aktivität. Dann natürlich die Berufs- und Standesvereine: der Gesellen, der Bauern, der Kaufleute, der Handwerker, der Lehrer und Lehrerinnen, der Akademiker und – mehrfach geteilt – der Studenten, endlich der Arbeiter und Arbeiterinnen; oder der Augustinusverein für die katholische Presse, die Görres-Gesellschaft zur Förderung der Wissenschaften, der – bürgerlich-sozialreformerische – Verein ‚Arbeiterwohl'. Seit 1848 waren diese Vereine auf den jährlichen Katholikentagen, den ‚Generalversammlungen der katholischen Vereine' (1856) oder ‚der Katholiken Deutschlands' (seit 1876) vertreten und miteinander verbunden, sie konstituierten, seit dem Kulturkampf eng mit der Zentrumspartei verflochten, auf diesen Tagungen die politisch-öffentliche Vertretung des katholischen Volksteils im Umkreis der Kirche.

1872/76 hatte es einen übergreifenden nationalen ‚Verein deutscher Katholiken' gegeben, aber er war in den Unbilden des Kulturkampfes untergegangen. 1890 kam es dann zur Gründung eines neuen Großvereins: des ‚Volksvereins für das katholische Deutschland'. Das Ende des Sozialistengesetzes und die sich abzeichnende Umorientierung der deutschen Politik waren der konkrete Anlaß. Betont klerikale Kreise hatten einen kirchlich geprägten apologetischen Verein zur Belehrung über die zeitgenössischen Irrtümer, zu ihrer Bekämpfung, zur Verteidigung der christlichen Ordnung der Gesellschaft gründen wollen, eine Anti-Organisation gegen ‚Evangelischen Bund' und Sozialdemokratie. Die politischen Führer des Katholizismus, Ludwig Windthorst vor allem, haben sich solchen Plänen vehement widersetzt und mit dem ‚Volksverein für das katholische Deutschland' einen Volks-, einen Laienverein mit stark sozialer (und demokratischer) Orientierung gegründet, pragmatisch, realistisch, aber nicht traditionalistisch, sondern auf Veränderung orientiert und mit der Tendenz zum Ausgleich von Klassengegensätzen; davon sprechen wir noch im Zusammenhang mit der katholisch-sozialen Bewegung. Dieser Verein wurde eine der erfolgreichsten deutschen Massenorganisationen außerhalb der Sozialdemokratie. 1891 hatte er 105000, 1901 151000, aber 1914 dann etwa 800000 Mitglieder, darunter 14% aller männlichen katholischen Preußen über 21, vor allem freilich in Westdeutschland konzentriert. Der Verein hatte Vertrauensmänner, gab Zeitschriften, Korrespondenzen, Broschüren und Flugblätter heraus, hatte eine Zentralstelle in Mönchen-Gladbach, 173 hauptamtliche Mitarbeiter (1913), ein ausgebreitetes System von Schulungskursen für alle öffentlichen, sozialen und politischen Aktivitäten. Im westdeutsch städtischen Bereich mindestens ersetzte der Verein der Zentrumspartei eine Organisation.

Freilich, ein Gesamt- und Überverein ist der Volksverein nicht geworden, er war besonders groß, politisch und sozial besonders wichtig, aber die anderen Vereine blieben neben ihm bestehen, und nach 1890 entstanden noch immer neue Vereine, wie sie eine sich differenzierende und komplizierende Gesellschaft erforderte. Neugründungen, Ausweitung, Mitgliederexpansion, neue Aufgaben: Volks- und Erwachsenenbildung z.B. haben nach 1890 gerade das katholische Milieu noch einmal verdichtet. Zahlen können bei unterschiedlichen Organisationsformen, Zählverfahren und angesichts von Doppelmitgliedschaften nur Anhaltspunkte geben. Um 1900 gibt es in München – ohne die pastoralen und ohne die studentischen – etwa 70 Vereine, das war typisch. 1914 gibt es 1270 Gesellenvereine mit etwa 86000 Mitgliedern, die Arbeitervereine – in 6 Dachverbänden – haben 513000, die Arbeiterinnenvereine 60000, der katholische Frauenbund 60000, schon 1908 hatten 1200 Jungmännerbünde 140000 Mitglieder, im Jahrzehnt vor 1914 waren es die Jugendorganisationen, die – auch angesichts der sozialdemokratischen ‚Gefahr' – am schnellsten wuchsen.

All diese Vereine sind spontan entstanden; zunächst waren sie ganz eindeutig in den Bereich der Kirche eingefügt, sie standen unter geistlicher Leitung oder maßgeblich geistlichem Einfluß. Aber sie waren, anders als vergleichbare evangelische Vereine, nicht eng und puritanisch, und sie waren nicht dem obrigkeitlichen oder sozialen Establishment nah. Das erklärt gerade ihre Erfolge, zumal in der Arbeiterschaft und bei den kleinen Leuten. Die Kolpingschen Gesellenvereine z. B. hatten, sehr typisch für Berufsvereine dieser Art, zuerst eine religiös-moralische Bestimmung: Über gemeinsame Kultübung, Exerzitien und Belehrung, dann über Geselligkeit, sollten sie Religion und Moral der Tradition sichern gegen alle Gefahren säkularer Desorientierung, und sie wollten katholische Geborgenheit und Heimat in einer feindlichen Welt bieten, pflegen, entfalten. Darum auch wurde der Begriff des – christlichen – „Standes" bei den Bauernvereinen so gern verwandt. So kirchlich geprägt diese Vereine waren, zugleich waren sie Organe, in denen sich die Aktivität von Laien entfalten konnte. Die Kirche war mit diesen Vereinen in allen Lebensbereichen präsent, ihre Glieder überall aktiv; ja man kann – etwa im vergleichenden Blick auf den Protestantismus – sagen: Weil die katholische Kirche politisch entmachtet war, wurde der Katholizismus in der modernen Form der Vereine zu einer Macht. Das sicherte und integrierte die soziale Basis des Katholizismus zusätzlich. Und es grenzte ab. Das Leben in einer konfessions-pluralistischen Gesellschaft wurde konfessionell eingehegt, das war neu, darum sprechen wir von einer Subkultur.

Diese Vereine und ihre Entwicklung ändern und modernisieren auf Dauer das Gefüge des Katholizismus. Zuerst: Sie schließen sich in steigendem Maße zusammen und professionalisieren sich; sie werden Großorganisationen, das ändert ihre Struktur. 1897 z.B. bildet sich der Deutsche Caritasverband, die Liebe zum Nächsten wird in einer Großorganisation mit Fachleuten und Bürokratie durchaus effizient organisiert, anders war dergleichen gar nicht mehr zu machen; paternalistische Caritas wird dabei planmäßige Sozialarbeit mit sozialreformerischen Akzenten. 1895/96 schließen sich die Jünglingskongregationen zusammen – von den Arbeitervereinen werden wir noch hören –, 1913 bildet sich der Verband der Vereine katholischer Akademiker; und solche nationalen oder regional-diözesanen Zusammenschlüsse gibt es überall. Sodann: Die neuen Großorganisationen gleichen sich der Welt der freien Verbände an. Die Verbandszentralen gewinnen an Gewicht; die Geistlichen, die dort als Generalsekretäre, Präsides etc. die Führung oder führenden Einfluß haben, werden von ihrer Funktion im Verband geprägt, sie identifizieren sich mit dem Eigengewicht der Verbände und vertreten es – und das wird dann wichtig – gegebenenfalls auch gegenüber ihren Bischöfen. Weiter: Im allgemeinen gewinnen auch die Laien an Bedeutung, sie lösen sich, meist ganz friedlich und langsam, von der älteren klerikal-paternalistischen Bevormundung, sie werden selbständiger, sie fangen an sich zu emanzipieren. Damit gewinnen schließlich die jeweiligen beruflichen, praktischen, sozialen Ziele Eigengewicht gegenüber den rein kirchlich-geistlichen, oder vielmehr neben ihnen.

Die Vereine, die zuerst die geistlich-weltlichen Aktivitäten kirchlich anregten und einhegten, führten über die traditionelle, autoritative, kirchliche Kultur hinaus in die sich modernisierende Welt, deren Elemente wurden in die katholische Welt hineingenommen. Sie waren – das hat man lange verkannt – ein Stück Teilemanzipation und Modernisierung des Katholizismus. Diese sozusagen ungeplante Modernität hat natürlich auch zu Spannungen und Zielkonflikten zwischen Laien, Verbandsgeistlichen und der Amtskirche und den Integralisten geführt, gerade im Jahrzehnt vor 1914; aber auch das hat den Modernisierungsvorgang nicht aufgehalten.

Verselbständigung und Eintritt in die moderne Gesellschaft, das ist überall sehr unterschiedlich vor sich gegangen. Wir können das im einzelnen nicht verfolgen. Die christlichen Bauernverbände werden am frühesten Interessenverbände mit religiösem Hintergrund, die Jugendorganisationen bleiben – vor dem Eindringen der Jugendbewegung nach 1918 – am längsten kirchlich geprägt; vom Sozialkatholizismus und den Arbeiterorganisationen und ihren Konflikten erzählen wir später.

Zwei Hinweise sind hier nützlich. 1876 wird auf Initiative Georg von Hertlings die Görres-Gesellschaft zur Förderung der Wissenschaften gegründet – angesichts der Benachteiligung katholischer Gelehrter, die keine Professuren erhalten. Das war betont eine katholische Laienorganisation, und der großdeutsch-ultramontane Historiker Ludwig Pastor hielt sie deshalb für „liberal" und „staatsfreundlich". Sie hat, mit Auslandsinstituten (Rom) und großen Editionen Forschung organisiert, die Wissenschaftlichkeit katholischer Gelehrter unter Beweis gestellt; ein anderes ihrer Großunternehmen, das ‚Staatslexikon', für das katholische Politik- und Gesellschaftsverständnis repräsentativ und prägend, ist freilich als konsistentes, wissenschaftlich diskutables Werk – nach klerikalisierenden und sehr heterogenen Anfängen – erst mit der 3. Auflage von 1908 geglückt.

Wichtig und interessant ist endlich die Entstehung einer katholischen Frauenbewegung. Am Anfang stehen Frauenvereine – Mütter, Jungfrauen, die caritativen Elisabethvereine – ganz in der traditionellen Normalität, der paternalistischen Familienanschauung; dann Vereine, die sich der Dienstmädchen und Arbeiterinnen annehmen, vornehmlich religiös, priesterlich geführt; dann die ersten Berufsvereine kaufmännischer Gehilfinnen und der Lehrerinnen (1880 schon); nach der Jahrhundertwende Fürsorge- und Schutzvereine für gefallene oder gefährdete Mädchen, von Frauen, also Laien gegründet und geleitet. Die Ziele gehen über den pastoralen Rahmen hinaus; auch Arbeiterinnenvereine mußten – jenseits der christlichen Einprägung der Hausfrauen- und Mutterrolle – gegenüber kapitalistischen und sozialistischen Mächten an Eigenständigkeit gewinnen. Frauen in der Leitung übernehmen eigene Verantwortung, treten in öffentliche Aktivitäten ein. Das ist die Situation, in der 1903 aus den katholischen Frauenvereinen heraus der Katholische Deutsche Frauenbund gegründet wird. Die Konvertitin Elisabeth Gnauck-Kühne, Emmy Gordon, Agnes Neuhaus, Hedwig Dransfeld gehören zu den maßgebenden Gründerinnen. Diese Organisation, durchaus auf religiöser Basis und durchaus in der caritativ-sozialen Tradition, steht nicht mehr unter der Kuratel der Kirche, sie ist und will sein der katholische Teil der – bürgerlichen – Frauenbewegung. Der Eintritt der Frauen in das öffentliche Leben – jenseits des ‚Hauses' – das wird als Aufgabe der Gegenwart aufgenommen. Der Begriff der Gleichberechtigung ist stark von der Eigenwertigkeit der Frauen bestimmt; die Rolle der Mutter bleibt zentral, sie gilt es aufzuwerten, das prägt auch das Engagement für die arbeitende, die berufstätige unverheiratete Frau. Aber man nimmt das Ideal einer ganzheitlichen Frauenbildung auf, in Ehe- und Familienberatung, in sozialer Fachausbildung und Praxis, in Volksbildung (1911), in der Ausarbeitung eigener Vorstellungen zur „Frauenfrage". Anfangs war das alles eine Oberklassenangelegenheit, aber das dehnte sich relativ schnell aus. Kurz, aus der rein religiösen Orientierung wächst soziale und säkulare Aktivität, entsteht ein Stück emanzipatorischer Modernität. Das machte Schwierigkeiten – 1908 stimmte der Katholikentag gegen die Aufnahme von Frauen in sein ständiges Komitee –, aber von 1918/19 her gesehen liegen hier die Anfänge für den Eintritt katholischer Wählerinnen in die Politik. Die Führerinnen des Frauenbundes sind die ersten weiblichen Zentrumsabgeordneten.

Zum katholischen Milieu gehört die katholische Presse. Vor allem im Zusammenhang mit dem Kulturkampf und der Bildung der Zentrumspartei entstand – nach mancherlei Vorläufern – eine ausgebreitete katholische Tagespresse. Die anfängliche kulturkritisch-elitäre Gegnerschaft katholischer Intellektueller gegen die Presse wie die klerikalen Tendenzen, die Presse an die Bischöfe zu binden, wie auch der gegenüber den wortgewaltigen Liberalen auffallende Mangel an katholischen Schreibern und Lesern – all das schwindet vor den praktischen Herausforderungen. Teils Verleger, teils Press-Vereine übernehmen die Initiative. 1865 gab es, so schätzt man, 60000 Abonnenten, 1890 1 Million; 1870 126, 1881 221, 1912 446 katholische Zeitungen (im Rheinland 1879: 22, 1900: 119, in Westfalen 11 und 62, in Schlesien 3 und 17, in Bayern 22 und 93). Nationalen Rang gewinnen schon zu Beginn der 70er Jahre die ‚Kölnische Volkszeitung' und die 1871 in Berlin gegründete ‚Germania'. Die katholische Presse ist nicht homogen, nicht Parteipresse, aber über Korrespondenzbüros und den Journalisten und Verleger zusammenschließenden Augustinusverein doch eng miteinander verbunden. Die Zeitungen erreichen nicht die Auflagen der großen liberalen Zeitungen und nicht die der Generalanzeiger, aber insgesamt stellen sie eine erhebliche, das katholische Milieu festigende Macht dar. Dazu gab es ein dichtes Netz von Wochen- und Monatszeitschriften, Kirchen- und Vereinsblättern, für Familien, Frauen, Jugendliche, Bauern, Handwerker, Arbeiter, für die vielen unterschiedlichen Lebensbereiche und -zwecke. Die Zeitschriften mit großem Anspruch sind die alten ‚Historisch-Politischen Blätter', die jesuitischen ‚Stimmen aus Maria Laach', später: ‚Stimmen der Zeit', nach der Jahrhundertwende das ‚Hochland', und im Bereich der Wissenschaft das ‚Historische' und das ‚Philosophische Jahrbuch der Görres-Gesellschaft'. Schließlich gehören hierher die betont integralistisch-kirchliche (und einfache) Kalender-, Traktat- und Lebenshilfeliteratur einerseits, die katholischen Verlagsunternehmen und Buchhandlungen andererseits, typisch etwa Herder in Freiburg mit dem eigenen katholischen Konversationslexikon, dann dem Staatslexikon der Görres-Gesellschaft und dem Kirchenlexikon, oder Kösel, Aschendorff, Schöningh, Pustet und andere mehr.

Nehmen wir das Ganze noch einmal in den Blick. Der deutsche Katholizismus war, anders als in Frankreich und Italien, Minderheitskatholizismus in einer mehrheitlich protestantischen Nation, er war – anders als im Angelsächsischen – eine starke und konzentrierte Minderheit. Darum konnte er sich, zumal unter dem Trauma des Kulturkampfes und seiner möglichen Wiederaufnahme, in eigenen Verbänden organisieren, eine Subkultur ausbilden. Das war Defensive und Selbstbehauptung zugleich. Das ist in unseren Jahrzehnten gerade von Katholiken viel kritisiert worden. Es gab in diesem Vereinskatholizismus viel Organisationsfetischismus, viel Konkurrenz und viel bloße Betriebsamkeit – jenseits des eigentlichen Kernbereichs des katholischen Glaubens –, schon um 1900 wird eine „ungesunde Vereinsmeierei" kritisiert; 1933 brach das alles wie ein Kartenhaus zusammen. Mit den Vereinen hatte sich der Katholizismus auch häuslich eingerichtet und die Formen wilhelminischer Gesellschaft internalisiert. Sodann: Der Vereinskatholizismus war ein Abgrenzungskatholizismus, er hat das katholische Ghetto befestigt, hat Öffnungen verhindert. Und im Blick auf die allgemeine deutsche Geschichte: Der Vereinskatholizismus hat die Fragmentierung und Segmentierung der deutschen Gesellschaft intensiviert und verhärtet, ihre Inhomogenität gefördert. Das hat das Schicksal der Demokratie in Deutschland schon vor 1914 erheblich belastet. Aber es wäre arrogant und besserwisserisch, gerade wenn man sich die Katholikenfeindlichkeit der Kulturkampfzeit und der Jahrzehnte danach klarmacht, über diese Vereine den Stab zu brechen. Die Intensität der katholischen Subkultur, ja auch das befestigte Ghetto, haben gewiß die Selbstbehauptung der katholischen Kirche als Volkskirche, ihre Krisenresistenz nach 1918 und auch nach 1933, gegen linke und rechte Totalitarismen, und – langfristig – ihre Erneuerungspotentiale mit ermöglicht, ja getragen. Und mehr noch, der Modernisierungsschub im Vereinswesen hat den Eintritt des Katholizismus ins 20. Jahrhundert, dem doch die Kirche abgeneigt gegenüberstand, entschieden befördert, und damit die Ansätze zur positiven Einfügung in die Republik, in eine demokratische, im Prinzip egalitäre und zuletzt auch pluralistische Gesellschaft. Was die ultramontane Welt zementieren sollte, wurde auf Dauer Aufbruchs- und Neuerungskraft, es begründete ein Modernisierungspotential. Oder zugespitzt: Nicht nur spirituell-kulturelle Reformtendenzen, sondern gerade der Katholizismus der Vereine (und ihrer Zentralen) drängten unbeabsichtigt das Klerikale und Ultramontane zurück.

5. *Reformkatholizismus*

Wir müssen noch einmal auf die innerkirchliche Entwicklung zurückkommen. Das Milieu hatte seine Modernisierungskraft, das haben wir gesehen; rein kirchlich gesehen befestigte es die herrschende Tendenz. In Frage gestellt und auf die Dauer ein wenig verändert wurde diese herrschende Tendenz dagegen durch eine geistige Bewegung, die wir als Reformkatholizismus charakterisieren. Mit der Entscheidung des Konzils von 1870 lag, wir sagten es, der anti-ultramontane Katholizismus in Trümmern; er verschwand nicht gänzlich, aber er führte – immer unter dem Verdacht des Altkatholizismus – in hoffnungsloser Defensive eine Winkelexistenz im Schatten der Sieger. Und er rückte – erstaunlich genug – in die Nähe des Staates, denn der allein mochte Wissenschaft, Bildung und innerkirchliche Pluralität, die Kernwerte der Nichtultramontanen gegenüber einer ultramontanen Kirchenführung, mit Hilfe der wenigen staatlichen Restpositionen schützen, so wenig er sonst von der Selbständigkeit der Kirche hielt. Klassisch dafür steht der Kirchenhistoriker Franz Xaver Kraus, die graue Eminenz der „liberalen" Katholiken, 1872 zwar Professor, aber an der Philosophischen Fakultät der neuen Universität Straßburg, seit 1878 dann doch Theologieprofessor in Freiburg, aussichtsloser Kandidat für Bischofsstühle in der Endphase des Kulturkampfs, mit immer noch guten Verbindungen in Rom, kirchenpolitischer Berater des badischen Großherzogs und dann des Reichskanzlers Ludwig Fürst zu Hohenlohe, kirchenpolitischer Kommentator der ‚Allgemeinen Zeitung' (Spectator, 1896/1900), in lebhaftem Kontakt mit englischen Reformkatholiken. Einer Indizierung seiner Kirchengeschichte (1885) ist er nur mühsam, durch Zurückziehen einer zweiten Auflage und durch Änderungen, entgangen. Er wollte Offenheit der Kirche und der Theologie gegenüber moderner Kultur, Bildung und Wissenschaft, zumal der Geschichte, wider die ultramontane und zelotische Abgrenzungssucht, den Haß auf die Neuzeit; er wollte gegen die Autoritäts- und Rechtskirche und ihre irdisch-politischen Ziele eine Kirche des „Geistes“ und der „Liebe“, des Gewissens, den „religiösen und innerlichen Katholizismus gegen den veräußerlichten politischen“. Und weil die Ultramontanen sich auf die Demokratie, das Volk beriefen und in deren Namen die Freiheit ‚beseitigen‘, wurde er politisch ein konservativ-liberaler Parteigänger der etablierten Mächte; ein Gegner auch des Vereins- und Milieukatholizismus mit seinem ultramontan-integralistischen Kollektivismus.

Vor der Jahrhundertwende nun kommt es im europäischen intellektuellen Katholizismus zu einer Bewegung, die man, so haben es die Intransigenten am Vatikan konstruiert, gemeinhin als ‚Modernismus‘ bezeichnet. In Deutschland war das relativ moderat, es ging nicht – wie in Frankreich – um eine Revision fundamentaler katholischer Lehren. Aber die verdrängten Probleme der vor-ultramontanen Theologie kamen wieder zur Geltung, im Lichte des Zweiten Vaticanums war es ein Versuch zur ‚Öffnung‘ der Kirche, ein Versuch, Katholizismus und moderne Kultur, moderne Bildung, moderne Wissenschaft zu versöhnen, ohne doch irgend den Kernbestand des Katholizismus preiszugeben. Nach 1890 trat zu dem Kulturkampfbewußtsein der Katholiken, unterdrückte Minorität zu sein, das Bewußtsein einer gewissen ‚Inferiorität‘, einer Zurückgebliebenheit, und von daher der Wille zum Aufholen, zum Eintritt in die moderne Gesellschaft, in die Höhe der Zeit. Die Forderung nach ‚Parität‘ – der Katholiken gegenüber den Protestanten – gewann einen modernisierenden Charakter. Ein katholischer Priester, Josef Müller, hat 1895 zuerst den Begriff „Reformkatholizismus“ – in seiner Schrift ‚Die Religion der Zukunft für die Gebildeten aller Bekenntnisse‘ – geprägt. Aber entscheidend ist die Schrift des Würzburger Theologieprofessors Herman Schell, ‚Der Katholicismus als Princip des Fortschritts‘, 1897, die 1899 bereits, ungewöhnlich damals, in der siebten Auflage vorlag. Das war ein Plädoyer für einen offenen und modernen Katholizismus, für den Fortschritt als etwas „wesenhaft“ Katholisches, von katholischem wie modernem Selbstbewußtsein erfüllt: Die Katholiken sollen nicht geistige Eunuchen sein, sie sollen die Welt und die Wissenschaft ‚taufen‘. Das war Kritik am zeitgenössischen Katholizismus: am Skandal des Bildungsdefizits und an der – gerade kochaktuellen – Anfälligkeit für Teufels- und anderen Aberglauben, gegen die ängstlich aggressive Konzentration auf Polemik und Apologie, gegen einen ungebildeten Klerus, der sich hinter der Amtswürde des Meßpriesters verschanze, gegen die Übermacht des romanischen Stils, der Marien- und Heiligenkulte und der römischen Kommissare, gegen die klerikale Kirche und gegen die krankhafte „Verhimmelung alles Kirchlichen", gegen die ängstliche und unfreie Abgrenzung von der Welt – ein Plädoyer für Innerlichkeit, Personalität und Geist, einen „franziskanischen" Katholizismus, ein Plädoyer auch für das Eigenrecht nationaler Kultur, das Wetteifern mit dem „romanischen" Geist. Eine Antikritik ‚Die neue Zeit und der alte Glaube', 1898, ergänzt dieses Programm. 1899 kommt die Schrift (und auch seine Dogmatik) auf den Index; Schell unterwirft sich, schreibt aber weiter (‚Christus' 1903) und entfaltet eine gewaltige Vortragstätigkeit. Er wird bis zu seinem frühen Tode 1906 der Anwalt einer dem Bewußtsein der Zeigenossen angemessenen Theologie, zum Küng der Jahrhundertwende. Ähnlich wirkt dann der Kirchenhistoriker Albert Ehrhard (‚Der Katholizismus und das 20. Jahrhundert im Lichte der kirchlichen Entwicklung der Neuzeit', 1901). Er unterscheidet die jeweiligen historischen Bedingungen vom Katholizismus selbst und vermag so die Verabsolutierung des Mittelalters und der Philosophie des Thomas zu relativieren und für die Möglichkeiten der eigenen Zeit, für moderne Kultur und Fortschritt zu plädieren – das soll die Entfremdung auch der katholischen Bildung und der modernen religiösen Bedürfnisse von der Kirche überwinden, den Katholizismus wieder zur Kulturmacht machen. Margarinekatholizismus Salonchristentum, Reformsimpel, so polemisierte der Bischof von Rottenburg, der ihm immerhin das Imprimatur erteilt hatte. Ehrhard kam am Index vorbei; in 10 Tagen war seine Schrift vergriffen, nach einem Jahr hatte sie 14 Auflagen (und ähnlich ging es mit seiner Schrift von 1907 ‚Katholisches Christentum und moderne Kultur'). Es gab noch andere Theologen ähnlicher Tendenz: Sebastian Merkle z. B., der die katholische Aufklärung rehabilitierte und sogar über Luther Positives zu sagen wußte, oder den Münchener Dogmenhistoriker Josef Schnitzer, der freilich 1908 schon suspendiert wurde. Es gab Reformgesellschaften und -zeitschriften, z.B. ‚Das 20. Jahrhundert' (1907/09), dann: ‚Das neue Jahrhundert', das aus einem extrem „modernistischen" Außenseiterorgan unter Philipp Funk zu einem wichtigen Reformorgan wurde. Die Philosophiehistoriker stellten die Historizität und Pluralität der Scholastik ans Licht, die Dogmenhistoriker die Geschichtlichkeit der Dogmen; der Historiker Martin Spahn schrieb ein ‚zeitgeschichtliches' Buch über Leo XIII., das auf subtile Weise den Ghettokatholizismus kritisierte. 1906 bildete sich – so war der Stil der Zeit – ein Komitee zur Errichtung eines Denkmals für Schell, dem über 50 Zentrumspolitiker und Professoren angehörten, darunter Julius Bachem, Hermann Cardauns und Martin Spahn. Unbedeutend war diese Bewegung nicht.

Die deutschen Reformkatholiken gerieten in die von Pius X. geführte Kampagne gegen den Modernismus. Auf den Willen zu einer Erneuerung antwortete der Vorwurf, katholische Substanz preiszugeben. Zwischen 1903 und 1914 sind 150 Bücher auf den Index gesetzt worden, 1907 erließ der Papst eine Enzyklika gegen die „Modernisten", und weil darin auch von Spuren und Anzeichen die Rede war, war den Gralshütern der Rechtgläubigkeit, den Zeloten und Integralisten, wie die extremen Ultramontanen jetzt hießen, für Verdacht und Denunziation Tür und Tor geöffnet. Ehrhard wehrte sich wie alle Reformer gegen den pauschalen Modernismusvorwurf, und die ‚Germania' druckte seinen Artikel zum Zorn der Kurialen ab. 1910 forderte der Papst von allen Theologen einen Antimodernisteneid; wegen der Empörung der protestantischen Öffentlichkeit wurden die deutschen Universitätstheologen davon zwar ausgenommen, aber so war das Klima.

Die Öffnung, so meinten die Integralisten, mußte Bildung und Volk auf Dauer „dekatholisieren", während die Reformer umgekehrt meinten, nur so könne der Katholizismus vital und dynamisch bleiben. Und weil der Katholizismus der Zeit noch im Grunde monolithisch war, Konflikt und Plualität im Grunde illegitim, darum war der Konflikt so bitter. Zwei Vorwürfe sind unter dem vielen Ketzerriecherischen beachtenswert: Die Reformer wurden als Vertreter einer Privilegien- und Elitekultur angegriffen, und die Konservativen präsentierten sich als Verteidiger der Volkskultur. Das war nicht falsch; für den ganzen Verbandskatholizismus hatten die Reformer gewiß wenig übrig. Dann wurden die Reformer als Nationalisten (wegen ihres Engagements für die Nationalkultur) angegriffen, und tatsächlich, die liberale Öffnung ging ja mit der nationalen Hand in Hand. Beides gehörte zum Kern der Sache.

Man darf die Bewegung nicht überschätzen. Es war eine akademisch-intellektuelle Bewegung, fast die ganze katholische Presse stand dagegen, unter dem Verdacht der Amtskirche wurde sie niemals volkstümlich. Aber das Echo zeigt doch die enorme latente Frustration und Reformbereitschaft einer breiteren Bildungsschicht an; ohne sie sind die Aufbrüche im deutschen Katholizismus nach 1918 gar nicht zu erklären. Zunächst freilich hat dieser Reformkatholizismus den Integralismus und seine Wendung gegen den Zeitgeist eher gestärkt.

Während die theologischen Reformkatholiken sich dem modernen Denken vor allem öffnen wollen, gibt es eine parallele Richtung der Öffnung zur modernen, zumal ästhetischen Kultur. Die ultramontane Prägung hatte die Katholiken zum Rückzug aus der Zeit und Nationalkultur, aus der religiös indifferenten Bildung geführt. Das galt für die Wissenschaften, jedenfalls da, wo ihre Fortentwicklung gefährlich werden konnte, ja überhaupt für die großen geistigen Auseinandersetzungen der Zeit: um Nietzsche, um die Lebensphilosophie, um den Historismus, um das Schicksal der Freiheit und der Kultur in der modernen technisch-bürokratischen Zivilisation, um das, was Max Weber oder Ernst Troeltsch bewegte. Die Katholiken haben, apologetisch-defensiv gerichtet oder von der Antimodernismus-Kampagne zurückgehalten, an diesen Debatten nicht teilgenommen, und sie haben auch, anders als in den 20er Jahren, kaum eigene originale Anworten auf die Krisengefühle der Zeit entwickelt, da machten auch die Reformer keine Ausnahme. Diese Flucht aus der Zeit, dies selbstgewählte Exil galt auch für die ästhetische Kultur: Neugotik, Palestrinarenaissance, Spätnazarenertum, Mittelalterverklärung waren dafür charakteristisch, und das galt zumal für die Literatur. Aber hier setzte um die Jahrhundertwende die Erneuerung ein. 1898 trat Karl Muth, Journalist an einem biederen katholischen Familienblatt, mit einer Kampfschrift hervor (Veremundus: ‚Steht die katholische Belletristik auf der Höhe der Zeit?'): Die katholische Literatur sei, von mißtrauischer Überwachung und Kritik niedergehalten, inferior, engherzig, prüde wie ein katholisches Mädchenpensionat, die führende moderne Gattung, der Roman, sei, im Geruch der Sünde, verfemt, auf die Bedürfnisse von Pfarrbibliotheken domestiziert, harmlos ‚edle' Konvention (wie Friedrich Wilhelm Webers ‚Dreizehnlinden'), grobschlächtig tendenziös oder trivial fromm (wie der katholische Bestseller von Joseph Spillmann ‚Das Opfer eines Beichtgeheimnisses'). Dagegen plädierte er für eine zweckfreie, nicht tendenzgeleitete Literatur, die modern sei, ohne katholische Kernbestände zu opfern, kurz für eine „Wiederbegegnung von Kirche und Kultur". In diesem Sinn gründete er 1903 mit dem Verleger Joseph Kösel zusammen die Zeitschrift ‚Hochland', pluralistisch mit konservativen und progressiven Mitarbeitern, darunter Schell und Martin Spahn, aber entschlossen zur Heimkehr aus dem Exil des katholischen Ghettos. Bis 1914 hat es die Zeitschrift auf die damals beachtliche Auflage von 10000 Stück gebracht. Auch das ‚Hochland' geriet in den Strudel der Konflikte und integralistischen Angriffe; der Abdruck eines historischen Romans von Enrica von Handel-Mazzetti, einer Art österreichischen Lagerlöf, löste heftige Attacken aus, weil dort auch Protestanten positiv, Katholiken negativ dargestellt waren; den Abdruck eines Romans des Italieners Antonio Fogazzaro, 1906, mußte man stoppen, als das Buch, modernismusverdächtig, auf den Index kam. Eine österreichische Literatengruppe um Richard von Kralik und die Zeitschrift ‚Gral' hielt die integralistische Gegenposition. Ein Konservativer wie der Kardinalerzbischof Georg von Kopp rechnete auch das ‚Hochland' zu den „dekatholisierenden" Mächten, zu den „inneren Gefahren" der Kirche. Immerhin, das ‚Hochland' konnte sich behaupten. Auch in diesem Kreis finden wir die eigentümliche Nähe der Öffnung zur modernen Kultur und der stärkeren Betonung des Nationalen. Muth stand Friedrich Lienhard und der ‚Heimatkunst' sehr positiv gegenüber und war – wie auch andere Katholiken – von dem konvertierten „Rembrandtdeutschen" Julius Langbehn bewegt. Die Wendung gegen Verstand, Wissenschaft, Großstadt im Namen von Herz, Kunst, Heimat schien einen gangbaren Weg für eine neue Versöhnung von Katholizismus und Moderne zu zeigen. Für Martin Spahn, später in der Weimarer Republik Führer des deutschnationalen Katholizismus, hatte die Entklerikalisierung der Kirche auch mit dem Schutz des Germanentums und mit der Abwehr westlich demokratischer Ideen zu tun. Progressiver und nationaler Katholizismus lagen noch ganz dicht beeinander. Aber, um zur Hauptsache zurückzukehren: Daß es im 20. Jahrhundert, zumal nach 1918, eine ernstzunehmende katholische Literatur gibt, ist nicht zuletzt das Verdienst von Muth.

Die katholische Kirche und der Katholizismus haben sich, ultramontan diszipliniert, scharf nach außen hin abgegrenzt, mit einer Fülle integrativer Symbole und einer sie umgebenden allmählich modernisierten Subkultur von Institutionen, Medien und Vereinen als eine mächtige Formation des deutschen Lebens bis zum Weltkrieg behauptet, nur am Rande gab es Abbrüche. Aber auch in diesem so fest gefügten Sozialsystem gibt es im Jahrzehnt vor 1914 den eigentümlichen großen Aufbruch ins 20. Jahrhundert, in eine neue Modernität.

6. Konfession und Sozialstruktur

Ehe wir uns dem Verhältnis des Katholizismus zu Staat und Gesellschaft zuwenden, werfen wir einen Blick auf die faktische soziale Position der deutschen Katholiken. Die Katholiken gehören zunächst überproportional zur traditionellen agrarisch-mittelständischen, vormodernen, vorkapitalistischen, vorindustriellen Sozialwelt: zum Land, zu Gemeinden unter 10000 Einwohnern, und in der Berufswelt: zur Landwirtschaft, zum Bergbau und zum Baugewerbe, durchaus unterproportional zum aufsteigenden tertiären Sektor, zu Handel, Banken und Verkehr und zur Verwaltung. Schon ein Blick auf die Geographie zeigt, daß weite katholische Gebiete ländlich-kleinstädtisch blieben: große Teile Altbayerns, der Oberpfalz und des Allgäus, Oberschwaben, der Hochschwarzwald, die südliche Rheinprovinz und weite Teile Westfalens. Hier dauerten die alten sozialen Milieus, hier galten ihre Wertvorstellungen und ihre Kriterien der Führungsauswahl – das war sozialkonservatives Land, auch im Zuge der Modernisierung behielt das ein Übergewicht. Die Industrie war, von den Unternehmern her gesehen, vor allem protestantisch, auch im katholisch geprägten rheinisch-westfälischen Industriegebiet; Klöckner und Thyssen waren die bekannten ‚Ausnahmen' und in Oberschlesien die katholischen Bergwerksmagnaten. Von den im ‚Gewerbe' unselbständig Tätigen waren bis zur Jahrhundertwende gelernte Arbeiter und das technisch-kaufmännische Personal eher protestantisch, katholische Handwerksgesellen blieben eher im Handwerk, als daß sie in die Fabrik gingen, bei den Ungelernten war der Anteil der Katholiken höher. Stadtwanderung war bei ihnen weniger Aufstieg als Proletarisierung – so jedenfalls in Baden. Das gleicht sich freilich (nimmt man die Berufszählung von 1907) für Facharbeiter, Angestellte und kleine Beamte allmählich etwas mehr aus. Immerhin, 1907 stellten 36,5% Katholiken im Reich 44,2% der in der Landwirtschaft Tätigen und nur 29,9% der im Handel etc. Tätigen und, ein extremes Beispiel, nur 18,5% der Selbständigen im Bergbau. Der Anteil der Katholiken an den freien und akademischen Berufen – Anwälten, Lehrern, Richtern vor allem – war unterproportional, nahm aber zu: Diese Gruppen rückten in die Rolle der Sprecher des katholischen Volksteils ein. Mit der unterschiedlichen Verteilung auf Berufe, Wirtschaftssektoren und sozialen Status hängt die geringere Steuer- und Wirtschaftskraft der Katholiken zusammen. Max Weber hat von daher den Zusammenhang von Konfession und Wirtschaftsleistung und -erfolg zum Thema gemacht. Im Regierungsbezirk Koblenz z.B. zahlten zu Beginn des Jahrhunderts 35% Protestanten 50% der Steuern, in Köln

14% 25%. In Preußen zahlte 1908 das katholische Drittel ein Sechstel der Steuern, in Baden zahlten die Protestanten doppelt soviel wie die Katholiken.

Damit hängt die Frage nach dem Anteil der Katholiken an den Eliten, der „Gesellschaft" im emphatischen Sinne des Wortes zusammen. Das ist von den Zeitgenossen viel und erbittert diskutiert worden, ‚Parität' und ‚Inferiorität' waren die katholischen Schlagworte. In Preußen gab es eine deutliche Unterrepräsentation der Katholiken in der Beamtenschaft (vor allem in der höheren); 1907 waren im Reich knapp 26% aller Beamten katholisch bei 36,5% der Bevölkerung. In Preußen lagen bei den höheren Beamten die Katholiken 1907 um 16,9, in der inneren Verwaltung der Provinzen gar um 22,9 Punkte hinter ihrem Bevölkerungsanteil zurück und im Justizdienst um 12,55, während die nicht eben wohlgelittenen Juden ein geringfügiges Plus aufwiesen (Justiz 2,68). Das lag an einer teils bewußten, teils unbewußten Benachteiligung der Katholiken; das hielt sich trotz Zentrumspatronage und ‚Konzessionskatholiken' in Richter- und Landratsstellen durch. Auch die Bevorzugung des altpreußischen protestantischen Adels fiel natürlich ins Gewicht. Kurz, die protestantische Prägung der preußisch-deutschen Monarchie hielt sich gegen die katholische Minderheit trotz mancher Angleichung im Grunde bis 1918 durch. Auch der Reichskanzler Hohenlohe, ein ‚liberaler' Staatskatholik, hat daran nichts geändert. Schwieriger ist es mit der Disparität in den freien Berufen. Bei den freien Rechtsanwälten, Notaren und Patentanwälten lag das katholische Minus in Preußen 1910 immer noch bei 11,78 Punkten (im Reich bei – 12,18). Extrem waren die Unterschiede auch in den höheren Stufen des Bildungswesens. Die Professorenschaft war ganz überproportional protestantisch, und die Kooptationspraxis der Fakultäten hielt dieses Übergewicht aufrecht – in Preußen gab es zwischen 1885 und 1897 nur 13% katholische Hochschullehrer, entsprechend waren die Chancen und die Berufsentscheidungen. Und in den modernen Fakultäten – Naturwissenschaften, Medizin, Technologie – war die Unterrepräsentation noch krasser, obwohl doch da ‚Gesinnungen' keine so wesentliche Rolle spielten. Abgeschwächt, aber deutlich galt das auch für die Zusammensetzung der Studentenschaft und der Gymnasiasten. 1886 gab es in Preußen bei 36,5% Katholiken nur 21,3% katholischer Gymnasiasten, in Bayern betrug das ‚Minus' 1895 etwa gleichviel: 12,2 Prozentpunkte. Mit dem Bildungsboom seit den 90er Jahren, dem Einrücken mittlerer Schichten in Gymnasien und Universitäten, ging die Differenz zurück, blieb aber auch erhalten. 1911 betrug sie bei Studenten noch 9,1 Punkte – weniger bei den klassischen, sehr viel mehr bei den modernen technischen, ökonomischen, naturwissenschaftlichen Fakultäten; bei den Abiturienten der Gymnasien verschwand die Differenz fast, bei den modernen höheren Schulen war sie hoch, 21,6 Punkte z.B. bei Realgymnasiasten. Für das akademisch-bürgerliche Establishment der wilhelminischen Zeit ist diese Differenz – wie die ähnliche Differenz im Wirtschaftsbürgertum und im Beamten- und Regierungsapparat – charakteristisch. Die Gründe sind vielfältig (und waren Gegenstand heftiger Konfessionspolemik wie intensiver katholischer Selbstprüfung): die stärkere ländlich-kleinstädtische Gebundenheit und die schlechtere ökonomische Lage der Katholiken; das Absaugen aufsteigender Intelligenzen in das Priestertum für jeweils nur eine Generation und das Fehlen der intelektuell so mobilisierenden evangelischen Pfarrhäuser; und – am wichtigsten – die größere Disposition der Protestanten zu Wissenschaft und Bildung, zu Mobilität und Dynamik und die protestantische Unruhe und das Ausgreifen in die Welt. Es gab geradezu ein katholisches Mißtrauen gegen zuviel höhere Bildung, zumal man erlebt hatte, wie so viele Katholiken, durch Opfer von Klerus und Laien zu höherer Bildung gekommen, dem Glauben untreu geworden waren. Sozial-kulturell gesehen waren die Katholiken weniger modern, weniger etabliert, weniger aufgestiegen als die Protestanten, weniger professionell und individualisiert, weniger auf Aufstieg und Erfolg aus, aber auch besser in die Kommunität integriert, traditionaler und insoweit lebenssicherer.

Ganz wichtig endlich ist die demographische Differenz: Die Kindersterblichkeit lag – jedenfalls in bestimmten gut untersuchten Gebieten – um ⅓ höher, Geburtenbeschränkung tritt – auch bei Kirchenferneren – um Jahrzehnte später ein. Und das gilt auch für sozial vergleichbare Kreise. Hier schlägt die religiös-kulturelle, jahrhundertalte Verhaltens- und Mentalitätsprägung durch: In vielen katholischen Regionen wurde weniger gestillt als in der Mehrheit der protestantischen, und die personalisierte Zuwendung zu den Säuglingen war geringer. Nicht die Kirchenlehre über Geburtenkontrolle war dann so wichtig, wohl aber das viel elementarere andere Verhältnis der Katholiken zu Rationalisierung und Individualisierung, zur Alternative von Planung und Gottvertrauen.

7. Kirche und Politik

Wir fragen schließlich nach dem Verhältnis von Kirche und Politik – und da die Konflikte zwischen Staat und Kirche wie die konkrete Politik der die Katholiken repräsentierenden Zentrumspartei in die allgemeine politische Geschichte gehören, behandeln wir hier nur die Grundeinstellungen, die sich in der Kirche bilden konnten und bildeten. Dabei geht es in unserer Zeit um drei Dinge: um den Staat, um die Nation, um die Gesellschaft, genauer: die Soziale Frage.

Die Katholiken und der Staat

Natürlich, die Kirche predigte Loyalität und Gehorsam gegenüber Ordnung und Obrigkeit, sanktionierte die Autorität, weil sie naturrechtlich von Gott legitimiert war. Sie war keine revolutionäre Macht und kaum eine Macht der Veränderung, sie war zunächst eine Macht des Status quo. Und bei aller prinzipiellen Neutralität gegenüber Staatsformen stand sie unter den europäisch-deutschen Bedingungen der Zeit doch in einem Nahverhältnis zur Monarchie, das war die Gemeinsamkeit der traditionellen Autoritäten.

Aber: Die Kirche stand auch in Distanz zu dem säkularen, nichtkatholischen Staat der Zeit, der ihn tragenden obrigkeitlichen wie gesellschaftlichen Mächte. Staat und Kirche standen seit langem schon nur noch im Verhältnis paktierender und insofern gerade distanzierter Mächte. Die Kirche verlangte Freiheit in ihren eigenen Angelegenheiten und für ihre öffentliche Betätigung, ja Bestimmungsmacht über lebensprägende Institutionen wie Ehe und Schule, oder gar den öffentlichen Stil. Darüber bestand Streit mit dem Staat, und von daher stand die Kirche in Distanz zum Staat und vermittelte genau diese ihren Gliedern. Und im konstitutionellen System war das Verhältnis von Kirche und Staat nicht mehr wie ehedem in erster Linie eine Sache von Episkopat und Regierung, sondern jetzt kam es auch auf das Volk, auf Massen, auf Wähler an. Die Kirche forderte Loyalität gegenüber den kirchlichen Forderungen an die Politik, das war das Kernelement des politischen Katholizismus. Das war der Grund für den Einsatz des Klerus in Parlament und Wahlkämpfen, der in seiner Legitimität nie umstritten war. Und unter den besonderen Bedingungen in Deutschland seit Beginn des Kulturkampfes, den die Katholiken als Angriff auf ihre Minderheitsrechte und als staatlichen Versuch einer Protestantisierung ihrer Kirche empfanden und empfinden mußten, hieß das: Loyalität zur Zentrumspartei war die kirchliche Forderung an die Wähler; alle Einzelinteressen hatten sich der Verteidigung des Glaubens und der dazu nötigen Einheit unterzuordnen. Die Loyalität zum bestehenden Staat war also durch die primäre Loyalität zur Kirche und zur einheitlichen Partei des politischen Katholizismus eingeschränkt.

Die Kirche war gegenüber den Staats- und Verfassungsformen wie gegenüber den politischen Ideen und Bewegungen der Zeit prinzipiell neutral. Keine der politischen Theologien – der Legitimisten, der Liberalen, der Demokraten – hatte sich durchsetzen können. Freilich, in ihrer Lehre stellte sich die Kirche gegen die Grundsätze der modernen Politik: gegen den säkularen Staat, gegen das Prinzip der Volkssouveränität – denn nicht das autonome Volk konnte Staat und Herrschaft begründen, sondern allein Gott –, gegen die liberale Autonomie des Individuums, den liberalen Individualismus und Rationalismus, ja gegen die liberalen Freiheiten, deren Indifferentismus dem

Anspruch auf Wahrheit widersprach. Der Liberalismus, der die Bindungen auflöste und die geistig-moralische wie institutionelle Autoriät der Kirche bekämpfte, das war der eigentliche Feind. Und die Katholiken, Ketteler hat das groß ausgeführt, bestritten den Liberalen verhement den Monopolanspruch auf Humanität, Vernunft und Kultur.

Aber die Kirche lebte nicht von Grundsätzen allein und von letzten Begründungen, sie hatte Sympathien und Vorbehalte, sie setzte sich in ein pragmatisches Verhältnis zu den bestehenden Zuständen, machte Konzessionen, erklärte manches Ungeliebte angesichts der menschlichen Schwäche oder der jeweiligen Situation doch für tolerabel. Leo XIII. hat auch das Prinzip, daß eine demokratische Mehrheit das Herrschaftspersonal bestimmt, für akzeptabel erklärt. Für Deutschland war wesentlich, seit 1848 unter der geistigen Führung des Bischofs Ketteler, daß der Katholizismus auf den Boden der konstitutionellen Verfassung trat, der liberalen Grundrechte, des liberalen Rechtsstaates und der parlamentarischen Mitbestimmung. Der Katholizismus ließ sich voll auf den modernen Verfassungsstaat – mit größerer Kompetenz des Parlaments wie in Belgien oder geringerer wie in Deutschland – ein; die Kirche konnte sich mit dem deutschen Verfassungstyp arrangieren. Zu den Fragen der Verfassungsentwicklung zwischen Krone und Parlament, zum Problem von Parlamentarisierung und Demokratisierung nahm die Kirche als solche nicht Stellung; aber sie war verfassungspolitisch keine forttreibende Macht, Demokratie war nicht ihre Aufgabe. Der politische Zustand und die konkrete Politik wurden danach beurteilt, wieweit sie die katholischen Positionen zu wahren geeignet waren. Es gab ein Konsensstück politischer Theologie, das war die Einschärfung der Grenzen der Staatsmacht und ihre Begründung aus dem Naturrecht. Dem Monopol des Staates auf Entscheidungen über das gemeinsame Leben, der Ausdehnung der Entscheidungsgegenstände durch den Staat, dem setzte die Kirche Widerstand entgegen – mochte es sich um traditionelle Obrigkeit, Bürokratie oder parlamentarisch-demokratische Mehrheit handeln. Das richtete sich gegen die Liberalen, wo sie ihren rabiaten Antiklerikalismus mit Mehrheit rigoros durchzusetzten suchten; aber das war natürlich auch ein Stück Gemeinsamkeit mit den konstitutionellen Idealen der Liberalen, mochte die katholische Begründung auch mehr auf kleinere soziale Einheiten als auf das Individuum abstellen. Ideenpolitisch stand die katholische Kirche in dieser Hinsicht im Gegensatz sowohl zum liberalen Individualismus wie zum sozialistischen Kollektivismus wie jedenfalls zum etatistischen Konservatismus.

Noch einmal anders gewendet: Jenseits der Staatstheologie und der kurialen Stellungnahme zur Politik und jenseits der Programmatik wie der parlamentarischen und publizistischen Aktivität der katholischen Partei des Zentrums, war im Alltag das Verständnis von Staat und Herrschaft stark traditional bestimmt, von den Selbstverständlichkeiten des Bestehenden und der Überlieferung geprägt, von Autorität und Ordnung, Pflicht und Gehorsam. Die Struktur der Kirche bestimmte auch die Vorstellung von weltlicher Herrschaft; das Ideal war eine harmonisch geordnete politische Gesellschaft. Demokratie, das stand im Zeichen der Emanzipation, des autonomen Individuums, der Bindungslosigkeit, der Gleichmacherei, des Mißbrauchs der Mehrheiten. Und nach dem säkularistischen Liberalismus kam der neue bedrohliche Gegner auf, das war der kirchen- und religionsfeindliche Sozialismus. Das bedeutete dann für maßgebliche Teile der Kirche den engeren Anschluß an die konservativen Mächte von Ordnung und Autorität, gerade im Jahrzehnt vor 1914. Die Interessen des Katholizismus schienen, weil er Minderheit war, jetzt erst recht im konstitutionell-obrigkeitlichen System besser aufgehoben als in einem parlamentarisch-demokratischen.

Man darf freilich die Status-quo-Orientierung nicht überbetonen. Auch der ultramontane Katholizismus war eine Freiheits- und Emanzipationsbewegung des – vom Klerus mobilisierten und geführten – katholischen Volkes, der Massen gegen das Establishment des 19. Jahrhunderts. Ultramontanismus und Demokratie – populistisch und plebiszitär – das hing auch zusammen. Und die Selbstorganisation des Katholizismus in den Vereinen hatte auch eine moderne, demokratische, emanzipatorische Tendenz, die, wie wir gesehen haben, auch den traditionellen Rahmen katholischer politischer Kultur überschritt. Kurz, die kirchliche Grundorientierung hatte neben den konservativen auch demokratische Züge und Möglichkeiten.

Die Katholiken und die Nation

Die zweite große Frage von politisch-theologischem, metapolitischem Rang neben der nach Herrschaft und Verfassung war die Frage der Nation. Zunächst: Die katholische Kirche war international, sie ließ den Volkstümern und Nationen Raum, aber sie relativierte sie und ihre Absolutheitsansprüche auch. Und konkret gab es in Mitteleuropa – anders als bei den unterdrückten Polen und Iren, anders auch als im katholischen Frankreich – keinen ausgeprägten Nationalkatholizismus. Der italienische Nationalstaat stand in unversöhnlichem Gegensatz zum Papst und die Katholiken im Gegensatz zu dieser Neugründung. In Deutschland freilich war die Sache schwieriger. Die Katholiken waren durchaus noch vom romantischen Nationalismus ergriffen, sie fühlten sich in der Tradition des alten Reiches, national und universalistisch zugleich, und sie hatten an der Einheitsbewegung von 1848 durchaus teilgenommen. Aber angesichts der alternativen Lösungsmöglichkeiten der deutschen Frage, der klein- und der großdeutschen, standen sie klar im Lager der Großdeutschen. Darum war 1866 auch eine Niederlage des deutschen Katholizismus, und so wurde das empfunden. Das Ausscheiden Österreichs, des katholischen Österreichs, war ein massiver Schlag, eine tief schmerzende Verwundung. Die Annexionen Preußens, die ja auch den hannoverschen und den hessen-kasselschen Minderheiten-Katholizismus mit seiner Diaspora-Intensität betrafen, galten als Rechtsbruch. Das Bündnis Preußens mit dem papstfeindlichen Italien diskredierte es erst recht, und die protestantischen Töne in den preußisch-kleindeutschen Siegesfanfaren verstärkten und emotionalisierten diese Stimmung weiter. Otto von Bismarck war zuerst der Zerstörer des alten Reiches, nicht der Begründer eines neuen. Nur in Schlesien und im alten jetzt preußischen

Reichsadel gab es katholische Stimmen für das entstehende preußisch-deutsche Reich. 1867 fand der deutsche Katholikentag noch demonstrativ in Innsbruck statt.

Es ist freilich nicht so, wie es lange im deutschen Geschichtsbild erinnernd oder reflektierend aufbewahrt schien, daß die Katholiken insgesamt 1866 von einer Art Weltuntergangsstimmung ergriffen worden seien. Das war schon deshalb nicht der Fall, weil die nationale Frage im politischen Bewußtsein der Katholiken nicht so dominant war wie bei den Protestanten. Für die Katholiken waren nicht nur die Frage der Verfassungs- und der Gesellschaftspolitik gleich wichtig, vielmehr hatte für sie die Frage nach dem Verhältnis von Staat und Kirche doch hohe Priorität, und im ganzen waren sie noch stärker einzelstaatlich orientiert. Ketteler, gebürtiger Westfale und Mainzer Bischof, wortgewaltiger Sprecher des Episkopats, hat in seiner Schrift ‚Deutschland nach dem Kriege von 1866' (1867) sich gegen Resignation oder Dauerprotest gewandt, bei aller Kritik am ‚Borussismus' dafür plädiert, die neue kleindeutsche Realität zu akzeptieren, ja die Katholiken auf solchen Realismus eingeschworen. Selbst ein eingefleischter Großdeutscher und bayerischer Partikularist zugleich wie der Herausgeber der ‚Historisch-Politischen Blätter', Joseph Edmund Jörg, hat 1866 zuerst jedenfalls die Tatsachen akzeptiert. Aber die faktische Anerkennung des werdenden kleindeutschen Nationalstaates war, das hat Rudolf Morsey mit Recht betont, nicht vom Wort eines Bischofs abhängig, sie hatte viel tiefere und breitere Fundamente. Die großdeutsche Nationalidee war 1866 vergangen, wenn man von ein paar Nostalgie-Erfüllten absieht. Für ihre Erben blieb die Wendung in den Partikularismus, gerade im Süden und besonders in Bayern. Jörg wurde so, freilich erst nach der Luxemburg-Krise im Frühjahr 1867, zum Wortführer der bayerischen Patrioten. Oder sie mündete in eine reine Antihaltung, die antiborussische Opposition, die sich gegen den preußischen Militarismus, den preußischen Fiskalismus und die Gewerbefreiheit und gegen den antikatholischen Charakter des norddeutschen Kernstaates wandte und bekanntlich breite volkstümliche Resonanz fand. Aber wichtiger ist, was 1870 dann herauskommt, nämlich daß die Opposition gegen die kleindeutsche Nationalstaatsgründung sich abschwächt, ja zerfällt und zergeht. Die rheinischen Katholiken z.B., so die Brüder Reichensperger, stellen sich jetzt, national wie sie waren, auf den Boden der preußisch-deutschen Tatsachen. Die bayerische Protestposition gerät in die Minderheit, selbst hier stimmen 32 von 79 Patrioten im Landtag im Januar 1871 für die Bundesverträge und sichern damit die Zweidrittel-Mehrheit. Und der Krieg galt auch den Katholiken als gerecht, er war populär, und so die ‚Rückkehr' des Elsaß. Darum wurde trotz der Irritationen zwischen 1867 und 1869 die Reichsgründung positiv begrüßt. Nicht also Protest, sondern beginnende Integration in den werdenden kleindeutschen Nationalstaat, das ist die Hauptsache.

Freilich, es gab das Element reservierter Distanz. Der großdeutsche Nationalismus und der Partikularismus verbanden sich zum betonten Föderalismus und Antizentralismus im werdenden Nationalstaat; der Antiborussismus, der Widerstand gegen die Verpreußung Deutschlands, blieb bestehen und auch die wachsende Sorge vor den nationalprotestantischen und nationalliberalen Tendenzen und der Bedrohung der Freiheiten der katholischen Kirche. Darum war für die Katholiken das Reich von 1871 nicht eine nationale Erfüllung, die man mit einhelligem, ungeteiltem Jubel begrüßte oder gar wie die Protestanten theologisch rechtfertigen konnte. Immerhin, Ketteler hat mit seiner Schrift von 1873: ‚Die Katholiken im neuen Reich', jetzt schon im Kulturkampf, die Position von 1867 bestätigt und bekräftigt: die realistische und positive Akzeptanz des neuen Nationalstaates, des gemeinsamen deutschen Reiches, ohne Revisionswillen oder Protestversteifung. Freilich, die Versuche von seiten der Protestanten, Protestantismus und Kaiserreich zu identifizieren, der Kulturkampf, die Verbindung mit den Protestgruppen der Polen, Welfen und Elsässer, der Vorwurf der ‚Reichsfeindlichkeit' gegen das Zentrum, das alles hat die Reserven gegen das Reich von 1871 zunächst noch einmal verstärkt, hat die 1866 begonnene aufhaltsame und vorbehaltsreiche Integration der Katholiken ins kleindeutsche Reich unterbrochen, ja eine Weile zurückgeworfen, jedenfalls bis zum Ende der 80er Jahre.

Die katholische Kirche ist darum, anders als die evangelische, auch auf Dauer keine aktive Kraft des Nationalismus, der Intensivierung des nationalen Bewußtseins geworden. Sie feierte nicht den Sedantag und andere nationale Feste; die Katholiken bauten keine nationalen Denkmäler. Reich und Nation sind anerkannt, aber sie haben gerade in den ersten Jahrzehnten des Reiches gegenüber Papst und Kirche wie gegenüber Region und Partikularstaat, zumal sofern er katholisch ist wie Bayern, keinen Vorrang. Theologie und Predigt betonen, wo es um Vaterland und patriotische Pflichten geht, mehr den Staat als die Nation, und die Moraltheologie hält an der Relativierung des Nationalismus, des „Völkeregoismus" fest (so der Theologe Joseph Mausbach 1912); eine Theologie der Nation gibt es im Katholizismus vor 1914 nicht. Auf konkrete Probleme des Nationalismus – den Nationalitätenkonflikt in Österreich, die Probleme zwischen Deutschen und Polen – läßt sich die Kirche kaum ein: Allgemein steht der deutsche Katholizismus zur polnischen Minderheit; konkrete Spannungen vor Ort, in Oberschlesien, im Ruhrgebiet, treten nicht ins allgemeine katholische Bewußtsein.

Dennoch ist die Geschichte des Katholizismus in Deutschland zwischen 1871 und 1914 auch eine Geschichte seiner Nationalisierung, das wirkt von den Laien her auch in die Kirche zurück. Das großdeutsche Reichsbewußtsein verschwindet. Kaiser und Reich gewinnen an Gewicht. Flotten-, Kolonial- und Weltpolitik werden auch von Teilen des Katholizismus aufgenommen. Die katholische Mission, die anfangs vor allem der Intensivierung der Kirchentreue diente, war nach dem Kulturkampf vor allem in den deutschen Kolonien tätig. Das war auch ein Kampf um Parität, aber vor allem wuchsen hier Missionseifer und Kolonialbegeisterung zusammen. Internationalismus schrumpfte de facto auf die Loyalität gegenüber dem Papst zusammen, die Reformkatholiken betonten gegenüber dem Römisch-Romanischen das Eigenrecht des Nationalen, des Deutschen. Katholische Studentenverbindungen waren vor 1914 kaum weniger national als andere. Kriegervereine und Kriegerdenkmäler sind auch in katholischen Provinzen und Ländern, wie in Bayern, Vehikel der Nationalisierung, gerade der kleinen Leute, gewesen. Und auch der Klerus wird deutlich nationaler.

Das Ergebnis: 1914 stand der deutsche Katholizismus einhellig und emphatisch zur nationalen Sache und nahm am enthusiastischen Aufbruch der Nation vollen Anteil. Nationalisierung und nationale Integration des Katholizismus wurden nun offenkundig. Nation war nun nicht mehr liberal, nicht antikatholisch. Vielleicht gab es gar einen Nachhol- und Kompensationsbedarf, endlich den Makel der ‚Reichsfeindlichkeit' abzuschütteln. Man war von der Gerechtigkeit dieses Krieges, von Einkreisung und Vernichtungswillen der Feinde überzeugt; gewiß war der Krieg auch ein ‚Ruf zur Buße', aber dann war er doch auch Erzieher und Erneuerer. Man konnte den Krieg auch religiös deuten, gegen Frankreich, den Hort des Atheismus, und die pro-österreichischen Sentiments hatten viele katholische Obertöne, ja das Gefühl von ‚Überlegenheit' der germanischen Rasse über Romanen und Slawen spielte auch bei deutschen Katholiken eine Rolle. Deutschlands Sache war auch auf katholischer Seite beinahe Gottes Sache. Führende Katholiken und Kirchenleute wandten sich mit Vehemenz gegen französisch-katholische Angriffe auf Deutschland. 1915 bildete sich ein Ausschuß zur Verteidigung deutscher und katholischer Interessen im Weltkrieg, der Propaganda und Gegenpropaganda koordinierte (‚Deutsche Kultur, Katholizismus und Weltkrieg', 1915) und eine Durchhalte- und Siegfriedensdenkschrift mit über 100 Unterschriften prominenter Katholiken zu Wege brachte. Die deutschen Katholiken, die katholischen Politiker, standen zunächst im Lager der Befürworter eines annexionistischen Siegfriedens. Erst 1916/17, auch im Zusammenhang mit der päpstlichen Friedensnote, änderte sich das. Thomas Woodrow Wilsons Friedensplan galt noch als Pseudohumanität, deutsch-feindlich, freimaurerisch, und als der alte Zentrumspolitiker Georg Friedrich Graf v. Hertling Kanzler wurde, schlug der monarchische Nationalismus noch einmal hohe Wellen. Aber im ganzen wurde der Nationalismus der Katholiken in den letzten Kriegsjahren realistischer, ganz anders als der der Protestanten.

Die Katholiken und die Soziale Frage

Endlich: Der Katholizismus und die Soziale Frage, die entscheidende gesellschaftliche Frage dieser Jahrzehnte. Der in diesem Zusammenhang aufkommende Sozial-Katholizismus ist Gegenstand der Verklärung wie der Kritik unter modernen Katholiken wie Nicht-Katholiken. Sehen wir zu.

Die katholische Kirche hatte aus ihrer Tradition zunächst ein distanziert negatives Verhältnis zu Kapitalismus, Markt und Konkurrenz und deren Folgen, der Auflösung der traditionellen Sozialordnung, Pauperismus, Proletarisierung, Klassenspannung. Ihr Gesellschaftsideal war ständisch, war harmonistisch, und weil der Liberalismus der Protagonist der neuen Gesellschaft war und der Feind dazu, weil er die Gesellschaft atomisierte und die Egoismen entfesselte, stand das ältere Gesellschaftsbild im Zeichen des katholischen Antiliberalismus. Daraus entsprang eine scharfsichtige konservative Sozialkritik. Aber eine konkrete Antwort auf die Probleme der heraufkommenden modernen Industriegesellschaft hatte die Kirche zunächst nicht; sie war in die alte Ordnung zu sehr eingebunden. Dem Problem der Industriearbeiterschaft hat sie sich, von Einzelnen abgesehen, nur langsam mit voller Energie gestellt, spät erst und unzureichend, wie die Kritiker meinen, eigentlich ausgelöst nur durch die sozialdemokratische Herausforderung und den damit drohenden „Abfall“ katholischer Arbeiter; denn die Klassenlage schuf Gemeinsamkeiten der katholischen mit den sozialdemokratischen Arbeitern, die zu den kirchlich-religiösen Bindungen und Loyalitäten quer standen. Die soziale Krise wurde zunächst religiös-moralisch gedeutet: Entfesselung des Egoismus, Sünde, Verwahrlosung, und das Heilmittel war Rückkehr zur Religion und, wie immer, individuelle caritas; im Grunde war die Kirche noch der eigentliche Heiler und Helfer. Auf dieser Basis haben sich zwei gegensätzliche Vorstellungen von Gesellschaftspolitik und Sozialreform entwickelt.

Die eine kann man als sozialromantisch und ständisch beschreiben. Das ist der radikale Widerspruch gegen das liberale Marktsystem, die Idee einer Totalreform im Sinne des Antikapitalismus und der Versuch, den Konflikt zwischen Kapital und Arbeit zu überwinden. Kapital und Arbeit sollten in neuen berufsständischen Kooperationen zusammenwirken – das Modell des Handwerks wurde auf die Industrie übertragen. Natürliche Ungleichheit und Klassenkonflikt sollten durch Solidarität innerhalb der Stände und zwischen ihnen aufgefangen werden. Der am Reingewinn orientierte Kapitalismus und die Ausbeutung wie das bloß individualistische Leistungsprinzip sollten damit abgeschafft werden; auch die politische Teilhabe des Volkes sollte über korporative Organisationen laufen – in einer Ständekammer ohne Mehrheitsentscheidungen, auf Ausgleich abgestellt. Diese merkwürdige Ständeidee, ökonomisch unrealistisch und von der Verklärung eines erträumten Mittelalters geleitet, war Protest gegen den schrankenlosen Individualismus wie den sozialistischen Kollektivismus, war ein Plädoyer für Solidarität – freilich ohne Sinn für die moderne Freiheit, die nur als Auflösung von Moral, Disziplin, bergender Ordnung gesehen wurde. In den 70er/80er Jahren spielt dieses Modell, von deutschen und österreichischen Adligen und Intellektuellen, zumal dem Freiherrn Karl von Vogelsang (‚Haider Thesen' 1883) ausgearbeitet, eine große Rolle; Jörg und die ‚Historisch-Politischen Blätter' argumentieren ähnlich, sie lehnen die Bismarckschen Gesetze als bloßes Flickwerk ab. Fürst Karl Heinrich zu Löwenstein, der Präsident des Deutschen Katholikentages, ist davon tief beeinflußt und ebenso der junge Kaplan Franz Hitze, einer der späteren Wortführer des modernen Sozialkatholizismus. Und als Unterströmung und Gegenmodell gegen die andere sich durchsetzende Vorstellung von der Sozialreform auf dem Boden des Kapitalismus spielt diese Vorstellung auch weiterhin, und bis in die 1930er Jahre, eine wichtige Rolle und behält eine beharrliche Anziehungskraft.

Aus der moralisch-kritischen Perspektive entwickelte sich auf der anderen Seite auch die Idee einer Sozialreform auf dem Boden des modernen ökonomischen Systems, durch Selbst-

und Staatshilfe und staatliche Arbeiterschutzmaßnahmen. Ansätze dazu hatte es seit den 40er Jahren gegeben, aber Epoche machte hier der Bischof Ketteler. Er nimmt in den 60er Jahren die Argumente von Ferdinand Lassalle und Hermann Schulze-Delitzsch auf. 1864 (‚Die Arbeiterfrage und das Christentum') gilt ihm zwar der antichristliche Liberalismus noch als Ursache der Sozialen Frage, aber neben die Moral tritt die Wirtschafts- und Sozialordnung. Das Zukunftssystem erkennt er als unhaltbar, die Gewerbefreiheit als wachstumsförderlich und konsumentenfreundlich, Arbeit ist zur Ware geworden, die Gleichheit der Parteien auf dem Arbeitsmarkt eine Fiktion. Er plädiert hier für Produktionsassoziationen, wenn auch nicht für ihre staatliche Subventionierung, und dazu für ein allgemeines Wahlrecht – wenn auch die Kirche noch der eigentliche Heiler bleibt. 1869 – in zwei berühmten Vorträgen – geht er einen Schritt weiter: die Kirche soll nicht in pastoraler Neutralität verharren, sie muß sich auf das neue Industriesystem einstellen, und sie muß die Lage der Arbeiter entscheidend verbessern; der Staat muß mit Arbeiterschutzmaßnahmen den Rahmen der sozialen Ordnung setzen, „soziale Menschenrechte" gewähren, dazu gehören Streik- und Koalitionsrecht. Kurz, institutionelle, strukturelle Reform ist auch nötig, und dazu bedarf es des Staates wie der Selbstorganisation der Arbeiter.

Gegen Ende der 70er Jahre setzt sich im deutschen Katholizismus das Konzept der pragmatischen Sozialreform auf dem Boden des bestehenden Systems durch – der Philosoph und Zentrumspolitiker Georg von Hertling hat gegen den jungen Franz Hitze die Argumente entwickelt. Die kapitalistische Wirtschaftsweise ist nicht des Teufels; weder Offenbarung noch Naturrecht begründen eine einzige, immer gültige soziale Ordnung. Der Staat ist gar nicht in der Lage, Berufsstände einzurichten oder aufrechtzuerhalten. Es kommt nicht auf Totalrevision des Systems an, sondern auf partielle Reform innerhalb der liberal-kapitalistischen Marktordnung: Sozialpolitik soll die Grenzen von Marktfreiheit und Unternehmermacht festlegen, die Menschenwürde der Arbeiter sichern, die Arbeiter entproletarisieren, sie wieder einbürgern; nicht gilt es, das

Eigentum abzuschaffen, sondern Eigentum für alle zu schaffen. Die Staatsintervention gilt – entgegen z.B. der anfänglichen Skepsis Herlings gegenüber dem Staat – als geeignetes Mittel, diese Ziele zu erreichen. Wenn man endlich sich auf das liberale System einließ, dann waren Arbeiterorganisationen nicht mehr nur und primär „Standesverbände“, sondern Interessen- und Kampfverbände auf dem Arbeitsmarkt, Gewerkschaften also. Die theoretisch-theologische Begründung lieferte die Entfaltung des „Naturrechts“. Wir können uns auf die Wege und Umwege und auf die Differenzierungen dieser katholischen Soziallehre hier nicht einlassen. Wichtig ist, diese Lehre hält am Eigentum auch an Produktionsmitteln fest, aber sie begrenzt das Eigentumsrecht durch das, was später Sozialpflichtigkeit heißt – daß über deren Maß jeweils Streit besteht, versteht sich von selbst. Wichtig ist sodann das Prinzip der Subsidiarität, des Aufbaus der Gesellschaft aus kleineren Einheiten mit größtmöglicher eigener Kompetenz, also eine Begrenzung von Staatsmacht und Staatseinfluß, die Forderung nach einem hohen Maß von Selbsthilfe und Selbstorganisation. Dazu tritt schließlich die Theorie von Gemeinwohl und Solidarität, die letzten Endes auf Interessenausgleich und Klassenharmonie, Sozialpartnerschaft, Grenzen der Konkurrenz abzielt. 1891 hat Leo XIII. mit der berühmten Enzyklika ‚Rerum novarum‘ diese Theorie – zwischen individualistischem Liberalismus, Sozialismus und bürokratischem Staat – legitimiert, vorsichtig Arbeiter-Gewerkschaften statt Standeskorporationen gebilligt, die Anfänge einer sozialen Demokratie auf christlicher Basis. Koalitionsrecht und die Forderung nach Löhnen für ein menschenwürdiges Leben sind seither kirchenamtlich anerkannt. Der soziale Rechtsstaat, ja der Weg vom Rechts- zum Wohlfahrtsstaat, das war seither die Zielvorgabe katholisch begründeter Sozialpolitik. Das schlug sich in den Aktivitäten der Zentrumspartei – zuerst mehr rhetorisch 1877 im Antrag Galen – zumal seit 1890, intensiver und weniger intensiv, progressiver und konservativer nieder.

Natürlich gab es Spannungen. Vorbehalte gegen die Marktwirtschaft spielten, etwa in einer protektionistischen Gewerbe-

und Agrarpolitik, eine große Rolle. Das Gesellschaftsbild der deutschen Katholiken insgesamt blieb noch stark agrarisch-mittelständisch geprägt. Der auf die Industriearbeiterschaft konzentrierte Sozialkatholizismus ordnete sich da nicht bruchlos ein. Die moralisch-religiöse Deutung von Sozialproblemen, die vor allem auf Gesinnungen abstellte, behielt ihr Gewicht, das Harmonieideal erschwerte die Anerkennung legitimer Konflikte, und das hieß zunächst des Streiks. Es gab, zumal in der so wichtigen vortheoretischen Selbstverständlichkeit des Gesellschaftsbildes, die Neigung zum traditionellen Paternalismus, die der Emanzipation und Selbstbestimmung einer neuen Klasse, der Arbeiterschaft eben, nur zögernd Raum gewährte. Wenn man etwas für die Arbeiter wollte, dann hieß das doch nicht: durch sie; in jedem Fall aber hieß es: unter kirchlicher Kontrolle. Arbeits- und Lohnkampf zielten, der Theorie nach, auf Arbeitsfrieden, nicht auf Klassenkampf, insofern war das Streikrecht für viele Sozialtheoretiker eher ein Not- und Ausnahme- denn ein Normalrecht. In Predigt und Unterweisung war von einer gottgewollten, zeitlos ständisch-hausväterlichen Gesellschaft die Rede, und die Fronleichnamsprozession führte die ständische Gesellschaft ja auch optisch vor; das hing hinter dem städtischen Vereins- und Sozialkatholizismus zurück. Endlich gab es, davon reden wir gleich, die integralistisch-katholische Tendenz, jede Weltaktivität und jedes soziale Handeln unter kirchlich-klerikale Perspektive und Bevormundung zu stellen. Das waren konservative Momente, die die Reformtendenzen des Sozialkatholizismus auch einschränkten. Dennoch, das Erstaunliche ist zunächst, in welchem Maße sich der Sozialkatholizismus innerhalb des Gesamtkatholizismus ausgeprägt und entfaltet hat. Mindestens so wichtig wie die entstehende katholische Soziallehre war die katholisch-soziale Bewegung, waren die realen Motive und Ursachen, die sie trugen. Die Bemühungen des Sozialkatholizismus lebten von der Grundtatsache, daß die Kämpfe für die Freiheit der katholischen Kirche und die Gleichberechtigung der Katholiken mit dem Emanzipationsstreben auch der katholischen Arbeiter, dem Einsatz für soziale Reformen und der Abwehr der Sozialdemokratie gleichzeitig verliefen, daß die katholische Bewegung einen Anti-Establishmentzug hatte, daß die Bourgeoisie – zunächst und eher – protestantisch und liberal war, daß der Klerus nicht aus dem Bildungsbürgertum kam oder in es hineinwuchs, sondern eher aus dem einfachen Volk, den kleinen Leute, und daß er trotz agrarisch-kleinbürgerlicher Vorprägung auch den neuen städtischen Unterschichten näher blieb als die evangelische Pastorenschaft. Der Klerus war nicht mit der herrschenden Klasse verbunden; das erlaubte, obwohl die Kirche insgesamt eher der alten Sozialordnung verbunden war, soziale Initiativen und Aktivitäten.

Aber sehen wir näher zu. Die tragenden Elemente des Sozialkatholizismus waren die verschiedenen Teile einer katholischen Arbeiterbewegung und dann die sie unterstützenden bürgerlichen Gruppen. Ende der 60er Jahre entstehen, im Rheinisch-Westfälischen, die ersten (katholischen) Arbeiter- und Knappenvereine, von Geistlichen gegründet. Ende der 70er Jahre gibt es 52 solche „christlich-sozialen" Vereine, mit etwas weniger als 10000 Mitgliedern. Diese Vereine fügten sich gut in die doppelte Frontstellung der Katholiken ein, gegen Sozialdemokraten, die ‚Arbeitermacht ohne Religion', und gegen die Liberalen, die ‚Geldmacht ohne Religion', die nicht-katholischen, die protestantischen Unternehmer des Westens. Diese Vereine traten – über die kirchliche Geselligkeitspflege hinaus – für Arbeiterinteressen ein, organisierten Streiks oder nahmen an ihnen teil, ja stellten Kandidaten für Wahlen auf. 1877 ist in Essen zum ersten Mal ein katholischer Arbeiter – gegen den ‚offiziellen' Kandidaten des Zentrums in den Reichstag gewählt worden. Ende der 60er Jahre hätte vielleicht ein Zusammenwirken aller Arbeiterorganisationen oder gar eine einheitliche Organisation noch im Bereich des Möglichen gelegen; 1878 war in Essen noch ein Deutscher Bergarbeiterverband gegründet worden – mit unterschiedlichen Weltanschauungen, auch einem katholischen Vorsitzenden. Aber die faktische Identität der ‚Freien' Gewerkschaften mit der Sozialdemokratie und die Übernahme von deren aggressiver Religionsfeindlichkeit machte das auf Dauer unmöglich. Ein katholischer Arbeiter konnte nicht, wie

Ketteler sogleich formulierte, Mitglied der sozialistischen Arbeiterpartei sein. Ebenso wichtig war der Kulturkampf, der die Einheits- und Geschlossenheitsforderung von Kirche und Bürgertum auch der Minorität der katholischen Arbeiter aufzwang; das hat schon 1873 den Zusammenschluß dieser Arbeitervereine verhindert. Die katholische Arbeiterbewegung konnte keine eigene christlich-sozial(istisch)e Bewegung, vom bürgerlich-bäuerlichen Katholizismus separiert, werden, dazu war der Integrationsdruck der Kampfsituation zu stark. Im Kulturkampf vom Feinde Staat soziale Maßnahmen zu verlangen, war nicht an der Zeit; daß katholische Arbeiter bei Stichwahlen eher sozialdemokratisch wählten, als sich der Stimme zu enthalten, durchbrach „unzumutbar" die katholische Solidarität. In der Doppelbewegung des Staates gegen Katholizismus und Sozialdemokratie gingen diese Vereine erst recht unter. Das war ein Vorspiel.

Erst im Ausklang des Kulturkampfes bilden sich katholisch-soziale Bewegung und katholische Arbeiterbewegung neu. Diese Bewegung steht auf drei Säulen – den Arbeitervereinen, dem Volksverein, den Christlichen Gewerkschaften. In den 80er Jahren entstanden – von der Kirche wie den Sozialreformern (Franz Hitze z.B.) angeregt – neue katholische Arbeitervereine; sie waren nicht mehr wie in den 70er Jahren „christlich-sozial", sondern eindeutig katholisch, auf Pfarrbasis organisiert, unter geistlicher Leitung, aber nicht mehr Vereine ‚für' Arbeiter mit auch bürgerlichen Mitgliedern und nicht mehr Vereine der handarbeitenden Klassen, sondern wirkliche Vereine von Industrie- und Fabrikarbeitern. Ihr Zweck war zunächst durchaus religiös erzieherisch – ähnlich den Kolpingschen Gesellenvereinen –, sie sollten die entwurzelten Arbeiter wieder zum gesellschaftlich verwurzelten Stand machen. Sie vermittelten den Arbeitern ein neues Selbst- und Gruppenbewußtsein. Die katholische Tradition und ihre tiefe Einsicht in die integrierende Wirkung einer Organisation, die Menschen trägt und hält, wirkte sich hier aus, und ebenso die aktuelle Einsicht, daß nur Korpsgeist und Organisation der sozialdemokratischen Herausforderung standhalten mochten. Prinzipiell traten diese Vereine für

Kooperation mit den Unternehmern ein, aber partiell dann auch für Konfrontation.

1889 gab es 168 Arbeiter- und 51 Knappenvereine, 26 Arbeiterinnen- und 37 Jung-Arbeiter-Vereine mit zusammen etwa 60000 Mitgliedern. Seit 1890 forderten Papst und Episkopat verstärkt zu solchen Zusammenschlüssen auf, der Volksverein half bei der Organisation. Ende der 90er Jahre schlossen sich diese Vereine in Diözesan- und Regionalverbänden zusammen – zuerst in Süddeutschland (1898) mit (1914) 1041 Vereinen und 114000 Mitgliedern, in Nord- und Ostdeutschland (1897) mit (1909) 1200 Vereinen und 130000 Mitgliedern; im Westen (1909) mit (1913) 1219 Vereinen und 220000 Mitgliedern, das war etwa ein Drittel der katholischen Industriearbeiter dieses Bereiches. Überall gab es Arbeitersekretariate, gemeinsame Kassen und Publikationsorgane, im Westen die von den Zentrums‚arbeitern' Johannes Giesberts und Joseph Joos gemachte ‚Westdeutsche Arbeiterzeitung', die ihre Auflage von (1890) 1200 auf 200000 Exemplare steigern konnte. Der Geistliche August Pieper und Otto Müller, beide auch in der Zentrale des Volksvereins tätig, waren die prägenden Figuren des westdeutschen Verbandes. Diese Arbeitervereine wuchsen über die bloß religiös-kirchliche Aktivität hinaus, sie wurden Interessenvertretungen der Arbeiterschaft und in Westdeutschland (und nach einigem Zögern auch im Süden, wo es anfangs mehr ältere Fundamentalopposition gegen das moderne Wirtschaftssystem und auch mehr Paternalismus gab) zu Organisationen des Kampfes um wirtschaftliche, gesellschaftliche, politische Gleichberechtigung, um Emanzipation der Arbeiterschaft. 1908 bildeten sie auch politische Komitees – zur Unterstüzung des Zentrums und zur Organisation der Arbeiterinteressen innerhalb dieser Partei; 1913 saßen 2602 Vereinsmitglieder in den örtlichen Parteikomitees und 900 in Kommunalparlamenten. Die Vereine hatten, und das war von ihren Promotoren durchaus beabsichtigt, eine integrierende, tragende und haltende Wirkung, sie mobilisierten einen Korpsgeist, der allein der sozialdemokratischen Herausforderung gewachsen schien.

Die zweite Säule der katholisch-sozialen Bewegung waren die Christlichen Gewerkschaften. Noch Anfang der 90er Jahre waren die bewußt katholischen Arbeiter ohne gewerkschaftliche Organisation, bei den Wahlen zu den Gewerbegerichten errangen die ‚Freien' Gewerkschaften 1892 im katholischen Rheinland einen vollständigen Sieg. Die Arbeitervereine, lokal und gemeindlich organisiert, waren zur Vertretung konkreter Interessen nicht sonderlich geeignet; und auch die sogenannten „Fachabteilungen", die Arbeiter desselben „Berufes" oder Gewerbes verbanden, halfen da bei der allgemeinen Mobilität nicht viel und bei Arbeitskämpfen schon gar nicht. Und die bewußt katholischen Arbeiter waren allein zu schwach, die Vorherrschaft der Sozialdemokraten im Gewerkschaftsbereich zu brechen. 1894 entstand im Ruhrgebiet – mit scharfen religiös-weltanschaulichen Gegensätzen innerhalb der Arbeiterschaft – ein ‚Gewerkverein christlicher Bergarbeiter' unter Führung von August Brust; er umfaßte katholische und evangelische Mitglieder, und obwohl die letzteren durchaus in der Minderheit waren, gewährte man ihnen in den Führungsorganen Parität. 1900 hatte dieser Verband 26000 Mitglieder. Seitdem enstanden, unabhängig voneinander, weitere Christliche Gewerkschaften, in der rheinischen Textilindustrie, bei den Metallarbeitern, bei den süddeutschen Eisenbahnarbeitern. Auf dem 1. Kongreß Christlicher Gewerkschaften waren 1899 56000 Mitglieder vertreten. Formell waren diese Gewerkschaften interkonfessionell und parteipolitisch neutral. Sie standen auf dem Boden der bestehenden – nationalen und bürgerlichen – Ordnung und verwarfen die Behauptung vom Klassenkampf als Grundtatsache, aber sie wollten die Arbeit gegenüber dem Kapital organisieren und betrachteten auch Streik als mögliches Kampfmittel. Sie waren nicht mehr von Geistlichen geführt und beeinflußt, sie waren wirklich Arbeiterorganisationen. Bis 1914 wuchsen diese Christlichen Gewerkschaften zu einer gutorganisierten mittleren Massenbewegung, 1914 hatten sie 350930 Mitglieder, das war – immerhin und auch nur – 14% der Mitgliedschaft der ‚Freien' (sozialdemokratischen) Gewerkschaften. Adam Stegerwald ist einer der wichtigen gesamtdeutschen Gewerkschaftsführer geworden – diese Tradition reicht dann durch die Weimarer Republik bis in die Gründung der Unionsparteien nach 1945.

Die dritte Säule des Sozialkatholizismus war der Volksverein, Organisation kirchlich-bürgerlicher Sozialreform. 1880 hatte ein katholischer Textilfabrikant aus Mönchen-Gladbach, Franz Brandts, den Verein ‚Arbeiterwohl' gegründet, einen bürgerlich-sozialreformerischen Verein mit Unternehmern und Priestern als Mitgliedern, zunächst durchaus paternalistisch gerichtet. Der junge Geistliche Franz Hitze wurde Generalsekretär. Es ging – modern – um Sozialreform auf der Basis des marktwirtschaftlich-kapitalistischen Systems, auch Hitze hatte das akzeptiert, und es ging um Abwehr der Sozialdemokratie; das schloß auch Anregungen zur innerbetrieblichen Sozialpolitik und die Förderung von Arbeiterorganisationen ein. Diese Entwicklung mündete dann in den ‚Volksverein für das katholische Deutschland', 1890 gegründet, wir haben davon erzählt. Unter der Leitung August Piepers wurde er mit seiner Zentrale in Mönchen-Gladbach zum geistig-organisatorischen Zentrum der katholischen Sozialbewegung: einer ausgebreiteten sozialpolitischen Publizistik, der Schulung und Bildung für alle sozialen und öffentlichen Aktivitäten, der Organisation von Massen und der Aktivierung von Laien. Er war Geburtshelfer, Ziehvater, Generalstab und Koordinator der verschiedenen Elemente der katholischen Arbeiter- und Sozialbewegung – damit wurde er identifiziert. Freilich, der Volksverein war nicht auf die „Arbeiterfrage" beschränkt, er war mit der Organisation und den Interessen aller sozialen Gruppen – etwa des alten und neuen Mittelstandes – befaßt, er war gesamtkatholisch, Massen- und Propagandaorganisation der Zentrumspartei und darum Anwalt des Ausgleichs der vielen divergierenden katholischen Interessen, der Einheit des politisch-sozialen Katholizismus.

Diese Doppelfunktion zwischen Sozial- und Gesamtkatholizismus prägte die historische Wirkung. Der Volksverein hat 1. die soziale Aktivität und die Sozialreform – gegen viele Vorbehalte von konservativen Sozialgruppen und Teilen des Klerus, gegen eigentlich die Mehrheit – zur akzeptierten und legitimierten Sache des Gesamtkatholizismus gemacht; und als Massen-

und Laienorganisation hat er die politische Kultur des deutschen Katholizismus demokratisiert. Er war ein Faktor der Emanzipation, er hat Geist und Klima des Katholizismus modernisiert, er hat die Fixierung auf Kirche und Staat aufgebrochen, er hat die bürgerlich-industrielle, die moderne Repräsentanz des Katholizismus gegenüber den traditionellen sozialen Gruppen und Laienrepräsentanz überhaupt wesentlich verstärkt. Der Volksverein hat zwar 2. das Bewußtsein einer gesamtgesellschaftlichen Verantwortung gegenüber dem sozialen Problem geweckt und damit der Integration der Katholiken in die Nation vorgearbeitet, aber er war doch 3. so in der katholischen Subkultur verhaftet, daß er bei allem Modernisierungsschub die traditionelle Segmentierung des Katholizismus in der deutschen Gesellschaft zunächst noch verstärkt hat. Schließlich hat der Volksverein 4. den Sozialkatholizismus auch gezähmt, dem vorrangigen Gesamtinteresse des deutschen politischen Katholizismus, der leichten Prävalenz des agrarisch-mittelständischen Sektors (wie er schon durch die altmodische Wahlkreiseinteilung bis 1918 festgeschrieben schien), den taktischen Erfordernissen der Zentrumspolitik unterworfen. Er hat auch da, wo diese Politik, etwa bei den die Konsumenten belastenden Agrarzöllen, den Arbeitsinteressen widersprach, die ‚Generallinie' bei den industriellen Massen durchgesetzt und deren Loyalität erhalten; er hat das politische System – etwa das Wahlrecht – nicht in Frage gestellt, sich in ihm mit dem Fortgang von Teilreformen eingerichtet. Gerade im monarchisch-bürokratischen System funktionierte der Interessenausgleich im Katholizismus ohne existentielle Dauerkonflikte, das machte beim leichten Vorrang bürgerlich-bäuerlicher Interessen die moderierte Sozialaktivität dem Gesamtkatholizismus akzeptabel. Insofern verband der Volksverein Modernität und Status quo-Orientierung in einem spannungsreichen Miteinander. Freilich, diese Einbindung in den Gesamtkatholizismus ist einer der Gründe dafür, daß der Sozialkatholizismus nur einen Teil der katholischen Arbeiterschaft halten (und gegen die Sozialdemokratie immunisieren) konnte. 1914 rechnete der Kölner Erzbischof mit

800000 katholischen Arbeitern innerhalb der ‚Freien' (sozialdemokratischen) Gewerkschaften.

Sozialisten haben im Sozialkatholizismus lange nichts als ein Ablenkungsmanöver, eine klerikale Immunisierungsstrategie gegen die Sozialdemokratie gesehen, und in seiner Sozialpolitik einen dürftigen Kompromiß mit der bestehenden Gesellschaft, zugleich deren Zementierung. Seinem Selbstverständnis nach war er ein Weg zwischen Kapitalismus und Sozialismus, ein dritter Weg zur Zähmung des Kapitalismus im Sozialstaat, zur endlichen Einbürgerung der Arbeiterschaft. Ob man das zunächst als Möglichkeit anerkennt, daran hängt das Urteil zuerst. Und dann daran, welches Gewicht man diesen Tendenzen vor 1914 zumißt. Waren sie ein Modernisierungspotential oder waren sie fest in die Status quo-Bindung eingefügt, eine – zu karge – Abschlagszahlung, ein Versagen der Einbürgerung? Aber diese Frage ist unentscheidbar, denn sie waren beides. Von heute her muß man gewiß Versprechen und Erfolg sehen. Da war mehr und anderes als Manipulation.

8. Die Krise vor 1914

Zwischen den modernen und den antimodernen Tendenzen des Katholizismus kam es vor 1914 gerade in Deutschland zu einem schweren Konflikt, zu einer Krise, die Theologen, Kurie und Episkopat, Partei- und Verbandsführer, Publizisten und die Laien, unter all denen bis dahin die unterschiedlichen Elemente nebeneinander gestanden hatten, polarisierte. Die Integralisten sahen in den Modernisierungstendenzen die Emanzipation von der Amtskirche durch Wahrnehmung eigentlich kirchlicher Aufgaben, und also eine Gefahr für den Katholizismus, seine römischpäpstliche Geschlossenheit, eine „Dekatholisierung der Massen", „praktischen Modernismus". Einer der Anlässe und Konfliktgegenstände waren die Christlichen Gewerkschaften, war die Frage nach ihrer kirchlichen Legitimität. Man muß, losgelöst vom Streit der Zeitgenossen, sehen, daß die katholische Sozialbewegung wirklich aus genuin katholischen Motiven die Traditionsstrukturen modernisierte, das öffentliche und soziale Leben entklerikalisierte, die christlichen und die weltlichen Sachgebiete stärker voneinander schied, neben die kirchenamtliche Hierarchie eine Laiendemokratie setzte. Die Integralisten wandten sich gegen die Christlichen Gewerkschaften, gegen deren interkonfessionelle Struktur, gegen ihre Selbständigkeit gegenüber der kirchlich-moralischen Bestimmungsmacht, gegen das Sich-Einlassen auf die liberal-kapitalistische Marktwirtschaft, gegen den Streik. Die Religion, der Katholizismus der Kirche, müsse das ganze, eben auch wirtschaftliche und soziale Leben durchdringen. Hinter dem Kampf gegen die „modernistischen" Gewerkschaften stand die paternalistische Ablehnung der christlichen Demokratie und der sozialen Emanzipationstendenzen, wie sie etwa der Volksverein und die rheinische Zentrumspartei repräsentierten: die Kölner oder Mönchen-Gladbacher ‚Richtung'. Der Streit spaltete zunächst die Arbeitervereine. Die nord- und ostdeutschen Arbeitervereine organisierten sich – unter Leitung geistlicher Führer – 1903 als gesamtnationaler Richtungsverband, als ‚Verband der katholischen Arbeitervereine, Sitz Berlin'. Sie ließen Interessenvertretung nur in den wenig effektiven Fachabteilungen der Vereine zu, während die Organisation der westdeutschen (und dann auch der süddeutschen) Arbeitervereine die Christlichen Gewerkschaften stützte. Der Breslauer Kardinalerzbischof Georg von Kopp und der Trierer Bischof Felix Korum, in den 80er Jahren noch als Staatsloyalist und -opponent in gegnerischen Lagern, manche Kleriker, Intellektuelle, Publizisten und Abgeordnete standen auf der Seite der Integralisten, vor allem aber hatten sie Rückhalt an mächtigen Gruppen in der Kurie (Benigni). Das Jahrzehnt vor 1914 war innerhalb des Katholizismus von diesem sogenannten Gewerkschaftsstreit erfüllt, der oft in wilden und gehässigen Formen, oft mit einem Wust von Intrigen zeitweise die wichtigsten Kräfte des aktiven Katholizismus okkupierte. In diesen Streit mündeten die wachsende Unzufriedenheit der Integralisten mit dem Volksverein und die Versuche der konservativen Teile des Episkopats, den Volksverein kirchlicher Kontrolle zu unterwerfen.

Mit diesem Streit verband sich ein ähnlicher Streit um den Charakter der Zentrumspartei, um den politischen Katholizismus, der sogenannte „Zentrumsstreit". Julius Bachem, ein führender Journalist und Politiker, schrieb 1906 einen selbstkritischen Aufsatz ‚Wir müssen aus dem Turm heraus'. Er wandte sich gegen konfessionalistische Illusionen und eine Überspannung des konfessionellen Prinzips, die die Unabhängigkeit politischer Entscheidung von kirchlichen Weisungen, die Kompetenz der Laien, die kirchlichen Normen konkret anzuwenden, einschränken mußte, ja er plädierte für eine Zusammenarbeit mit Protestanten und eine interkonfessionell christliche Partei. Ohne diese Zuspitzung war das die Mehrheitsmeinung der katholischen Politiker (auch das hieß ‚Kölner Richtung'), aber die Integralisten sahen darin eine „Dekatholisierung" der Öffentlichkeit, einen Angriff auf die päpstliche Autorität, einen neuen Nationalkatholizismus, eine Gefahr für den Katholizismus. Kopp sprach von einer „Verseuchung" des Westens. Eine Schrift des badischen Zentrumsführers und Pfarrers Theodor Wacker, die die Unabhängigkeit der Partei sehr betonte, wurde indiziert.

Weiter verflocht sich dieser Streit mit den Konflikten um Reformkatholizismus und „Modernismus". Und schließlich: Es gab auch eine zwar nicht integralistische, aber konservative Opposition gegen die progressistischen, emanzipatorischen, sozialen, demokratischen Tendenzen, die aus anderen Motiven doch dieselbe Frontstellung bezog. Das galt etwa für Kopp, den Führer des deutschen Episkopats, der, durchaus staatsfreundlich, dem wilhelminischen Staat und einem paternalistisch-autoritären Gesellschaftsideal anhing; auch der 1912 eingesetzte Kölner Erzbischof Felix von Hartmann, in gewisser Weise auch der letzte monarchisch nominierte Erzbischof von München, Michael von Faulhaber (1917), teilten diese Position. Die eigentlichen Integralisten waren zwar in Deutschland durchaus in der Minderheit, aber Pius X. und seine engsten Berater standen auf ihrer Seite, und sie hatten jene konservative Unterstützung im Episkopat.

Die nicht-integralen Positionen haben sich zwar behauptet, aber doch nur unter erheblichen Einschränkungen. 1912 erließ der Papst eine Enzyklika, die die katholischen Arbeitervereine und Fachabteilungen eindeutig bevorzugte, aber christliche Gewerkschaften in Ländern wie Deutschland wenigstens tolerierte, wenn ihre Mitglieder katholischen Arbeitervereinen zugehörten und wenn sie nichts gegen die Kirchenlehre unternahmen. Der Mehrheit des Episkopats, dem Kölner Erzbischof Anton Hubert Fischer vor allem, und den Zentrumsführern war es gelungen, eine Verurteilung der Gewerkschaften zu verhindern – auch die Reichsregierung hatte in diesem Sinne erheblichen Druck ausgeübt. Immerhin, eigentlich unterstellte die Enzyklika die Gewerkschaften – wegen der Einhaltung der Kirchenlehre – der Aufsicht der Bischöfe. Die drohende Konfrontation mit den zum Widerstand entschlossenen Gewerkschaften wurde durch eine abmildernde Auslegung der Bischöfe vermieden, aber darüber schwelte der Streit weiter. Auch der – unter massivem kurialen Druck – ernannte neue Erzbischof von Köln, der Konservative von Hartmann, konnte über die Realitäten des westdeutschen Sozialkatholizismus nicht hinweg. Freilich, die christlichen Gewerkschaften waren gelähmt und zurückgeworfen – faktisch konnten sie unter den gegebenen Umständen keinen Streik riskieren. Im Saargebiet traten die Geistlichen, auf Anweisung des Trierer Bischofs Korum, entschieden gegen die Beteiligung an einem Bergarbeiterstreik auf. Die Christlichen Gewerkschaften standen in einer ungewissen und prekären Situation des Ausnahmerechts, einer zweitklassigen Organisation; und die Sozialdemokraten wurden natürlich nicht müde, den Widerspruch zwischen emanzipatorischer Sozialreform und autoritärer Kirche agitatorisch auszuschlachten. Es mag sein, daß das auch in die Entfremdung katholischer Arbeiter von der Kirche gemündet ist: 1903 wählten noch ca. 68% der Katholiken Zentrum, 1912 waren es nur noch 54%. Auch der Volksverein sah sich zu einem vorsichtig zurückhaltenden Kurs genötigt. Die Zentrumspartei bewahrte ihre Unabhängigkeit – die Kirche war auf sie angewiesen, aber sie verhielt sich vorsichtig, in kirchenpolitischen Fragen z.B. handelte sie nur in Übereinstimmung mit den Bischöfen. Die Kräfte des sozialen Katholizismus und der christlichen Demokratie sahen sich in der Defensive; es gab viel Bitterkeit und manche Resignation und viel verhaltene Opposition gegen das integralistische Rom und den konservativen Teil des Episkopats. Der „linke", demokratisch-soziale Katholizismus schien blockiert, der konservative und Status quo-Kurs im Aufwind, ob für eine Zeit oder auf längere Sicht, das war die offene Frage.

Aber abgesehen von dieser offenen Frage muß man festhalten, daß es der katholischen Kirche weit besser als der protestantischen gelungen war, sich einstweilen im Zeitalter der modernen Massen- und Industriegesellschaft zu behaupten: Mit dem ultramontan zugespitzten Traditionalismus der Klerus- und Ghettokirche und der Modernität des Vereinskatholizismus und mit intensiver Kirchenzugehörigkeit und einer Mischung von Status quo-Bindung und latentem Aufbruchspotential trat sie ins 20. Jahrhundert, trat sie 1918 in die Republik ein.

III. Protestantismus

Anders als die Katholiken waren die Evangelischen, die Protestanten, sehr viel stärker pluralisiert. Es gab die großen theologischen und kirchlichen Richtungen und Frömmigkeitstypen, die Orthodoxie und die Nach- und Neubildungen des Pietismus, die Liberalen und die Vermittler. Es gab die Unterschiede des Bekenntnisses, Lutherische Kirchen, eine Minderheit von eigenständigen Reformierten und die – im frühen 19. Jahrhundert entstandenen – Kirchen der Union der beiden ‚Konfessionen'; diese Union war umstritten, vor allem in Preußen, insofern gab es nicht nur einen Gegensatz lutherischer und unierter Kirchen, sondern auch einen Konflikt zwischen Lutheranern und Unionsanhängern innerhalb der preußischen Kirche, der Union. Schließlich: Der Protestantismus war pluralisiert in Territorial-, in Landeskirchen; sie waren auf das Gebiet eines Staates beschränkt, in diesem Gebiet aber dann die einzige anerkannte Kirche dieser Konfession; sie waren dem Landesherrn zugeordnet und hatten vielfach eine eigene regional-einzelstaatliche Tradition, einen eigenen Geist.

1. Theologie

Wir wenden uns zuerst der Theologie zu. Sie ist zentral. Denn das protestantische Kirchentum ist theologisch geprägt, die Kirchen sind Theologenkirchen, die Frömmigkeit auch Reflexionsfrömmigkeit; das Verhältnis des Einzelnen zur Welt, die Spannung zwischen Tradition und Modernität ist theologisch geprägt, die Theologie bewegt die Menschen – in der Kirche wie an ihrem Rande.

Die liberale Theologie des Jahrhunderts in ihren entschiedeneren wie ihren vermittelnderen Formen hat seit Friedrich

Schleiermacher die entstehende Spannung zwischen christlicher Überlieferung und Modernität aufgenommen und ausgetragen: die Spannung zwischen Glauben und Wissen, die die Aufklärung, die historisch-kritische Erforschung von Bibel und Dogmengeschichte und die modernen Naturwissenschaften (und zuletzt Charles Darwin) erzeugt haben, und die Spannung zwischen der überlieferten Lebensinterpretation von Sünde und Tod und Jenseits, von „Rechtfertigung“ durch das stellvertretende Opfer Christi und der modernen Selbstverantwortlichkeit und Autonomie des Menschen und seinem Verständnishorizont von Lebensproblemen und Lebenssinn. Sie hat die christliche Lehre modern und abgelöst von den Formeln des 1. oder des 16. Jahrhunderts interpretiert und umformuliert als eine verstehbare Auslegung der menschlichen Existenz und ihrer Erfahrung, die diese Existenz zugleich verwandelt. Das bleibt ihr Ansatz bis heute, bis zur existentialen Interpretation und Entmythologisierung. Schleiermachers idealistische Kategorien – Endliches und Unendliches, Bedingtes und Unbedingtes – und seine idealistische Gottesphilosophie, seine „natürliche“ Religion, verlor freilich mit dem Ende des Idealismus an Gewicht.

Hier setzt nun der bedeutendste Theologe der Zeit um 1870 an, Albrecht Ritschl. Wissenschaft, Welterkenntnis und die überlieferte metaphysische Begründung der Theologie fallen auseinander. In dieser Lage greift Ritschl (vor allem: ‚Die christliche Lehre von der Rechtfertigung und Versöhnung‘, 1870–74) auf Immanuel Kant zurück. Kant hat die ontologische Metaphysik zerstört, er hat aber auch die Grenzen apriorischer wie empirischer Wissenschaft aufgewiesen, und er hat eine praktische Philosophie der Freiheit begründet und die Koexistenz von wissenschaftlicher Weltinterpretation und Ethik der Freiheit; daran muß die Theologie als Reflexion ethischer Erfahrung gegen alle idealistischen Identitätsspekulationen und gegen die falschen Prätentionen einer – wiederum idealistischen – natürlichen Theologie anknüpfen. Das Christentum ist eine praktische Religion, es allein begründet und ermöglicht, unangefochten von den legitimen Ergebnissen der Wissenschaften, ein höchstes ethisches Lebensideal, Freiheit und Moralität des Individuums.

Theologie ist Ethik, nicht Ontologie. Dieses Lebensideal faßt Ritschl mit alten kirchlichen Termini einmal als „Gotteskindschaft", Vertrauen auf einen väterlichen Gott, das das Schuldbewußtsein überwindet und das durch die Existenz Jesu (und nicht durch eine „stellvertretende Genugtuung") und die Stiftung seiner Gemeinde begründet ist. Als Urheber solcher Erfahrung von Gott kann Jesus selbst als göttlich bezeichnet werden. Dogmen sind praktisch-fromme Deutungen dieser an Jesus gewonnenen Erfahrungsgewißheit, symbolisch also; das stiftet die Freiheit theologischer Reflexion. Zum anderen gehört zu diesem Lebensideal das „Reich Gottes", d.h. sittliche Arbeit in der Welt und für die Menschheit und – einen geduldig geübten Beruf. Rechtfertigung und Glaube sind auf Praxis und Gemeinschaft bezogen. Es gibt keine religiösen Sonderzwecke, wie Mönche oder Pietisten meinen, keine Entweltlichung, keinen bloßen Individualismus der „Einzelseele", keine Klerikalisierung – es kommt auf die praktisch sittliche Gemeinschaft an, und das religiöse Handeln erfüllt sich in der Pflichterfüllung, der Treue zum Beruf, es gibt keinen Sonderbezirk des Sonntags, aller Werktag ist – gutbürgerlich – Sonntag. Dieses Lebensideal – Vertrauen, Gemeinschaft, sittliche Arbeit – ist in der Geschichte mit Jesus und der mit ihr vermittelten Gotteserfahrung begründet – und nur in ihr. Ritschls modern ethizistische Deutung bewegt sich ganz in der kirchlichen Sprache und in der mit Schärfe aufgegriffenen reformatorischen Tradition – etwa der so „anstößigen" Theologie der Rechtfertigung – und bleibt – jenseits eines liberalen Individualismus – auf die Kirche bezogen. Jetzt gilt es, das ist sein Selbstverständnis, die Reformation fortzuführen. Das machte seine Theologie auch in der institutionellen Kirche und auch für konservativere Geister attraktiv. Sie nahm die Tradition auf und war doch ganz zeitgemäß, sagte etwas zur Zeit – des Realismus. Gerade die Verbindung des modern bürgerlichen Lebensgefühls der Arbeit und einer sozial verpflichteten Ethik mit der Theologie machte diese Lehre so wirkungsmächtig. Die theologische Ethik sprach von der Gnade als Basis der christlichen Freiheit, und sie lief auf Bildung starker Charaktere und Persönlichkeiten zu, auch das war bürgerlich modern. Ritschl gab darüber hinaus der historisch-kritischen Theologie ein gutes „kirchliches" Gewissen und der kirchlichen Praxis – soweit sie ihn anerkennt – das gute intellektuelle Gewissen, darum war er für eine Zeit der große Vermittler zwischen moderner (und wissenschaftlicher) Bürgerlichkeit und lutherischer Tradition.

Aus der Fort- und Umbildung dieser Theologie sind für eine allgemeine Geistesgeschichte nur zwei der liberalen Theologen wichtig: Wilhelm Hermann und Adolf Harnack. Die soziale Dimension – die Arbeit am Reich Gottes – tritt zurück, Person und Persönlichkeit, die Einzelseele werden primär. Hermann fragt danach, wie der Mensch zu sich selbst kommt, und er antwortet: in der Erfahrung des inneren Lebens Jesu mit Gott – mit Gott als Liebe. Darin gewinnt der Mensch eine neue Existenz in der Verbundenheit mit Gott, und diese Erfahrung ist und bleibt an Jesus gebunden. Das ist eine existentielle Erfahrung, jenseits aller wissenschaftlichen Objektivierung. Nur in unserem Erleben, dem Erleben des inneren Lebens Jesu, in unserer geschichtlichen Verwicklung in seine Geschichte mit Gott erfahren wir Scheitern und Schuld und Radikal-Böses, und zugleich die Macht des Guten, Vertrauen in Gnade und Liebe. Nicht Beweise, sondern Erleben vermitteln persönliche Gewißheit, vermitteln eine neue personale Existenz. Die vergangenen, auch die biblischen Explikationen christlichen Glaubens sind nicht als solche verbindlich. Rudolf Bultmann, Schüler Hermanns, hat jenseits zeitbedingter „Erlebnis"psychologie diesen personalistisch-geschichtlichen Existentialismus dann als Zentrum der Theologie auch für unsere Gegenwart noch entfaltet.

In der Grundintention ähnlich, aber weniger reflektiert angestrengt, war die Theologie des großen Kirchen- und Dogmenhistorikers Adolf Harnack, und sie war von weitausgreifender populärer Wirkung. Seine Berliner Vorlesungen von 1900 über „Das Wesen des Christentums" wurden seit ihrem Erscheinen zu einem der erfolgreichsten, weit über die professionelle Theologie hinausreichenden Bücher, eine Sensation, wie Ernst Haekkels ‚Welträtsel' und Houston Stewart Chamberlains ‚Grundlagen des 19. Jahrhunderts', bis 1903 in einer Auflage von 60000 und Übersetzungen in 14 Sprachen. Harnack wollte unspekulativ und einfach für alle Zweifler und Sucher der Gegenwart das „Evangelium" sagen, und zwar – im Ergebnis der Bibelkritik – das menschliche Evangelium Jesu, im Unterschied auch zur Dogmatik der biblischen Schriftsteller – anders als Ritschl ohne allen Apparat von Rechtfertigung und Versöhnung, ja so, daß der Ausdruck ‚Sünde' nach Möglichkeit vermieden wird. Geschichtlich treffende Darstellung und Versöhnung mit der Zeit, darum ging es. Die historische Wissenschaft reinigt das Dogma und befreit es vom Druck der Tradition, läßt uns zwischen Kern und Schale, Wesen und historischen Formen unterscheiden, befreit uns von der „gläubigen" Hinnahme von Rätseln, von der fundamentalistischen Rückversicherung an Autoritäten, macht uns mündig. Es geht um den Kern der Botschaft Jesu: der Botschaft von Gott dem Vater und vom unendlichen Wert der einzelnen Menschenseele, das erfährt der Mensch – noch einmal – nur in der Geschichte von und mit Jesus. Das aber ist nicht eine theoretische Mitteilung, sondern eine geschichtlich existenzverwandelnde Erfahrung. Das ist auch die einzige Basis eines wirklich menschlichen Ethos, weil die Ehrfurcht vor dem Menschlichen die Anerkennung eines Gottes als Vater voraussetzt. Jesus wird nicht eine Art Sokrates, denn den Punkt der geschichtlichen Begegnung können wir nicht überspringen. Diese Jesusfrömmigkeit, vor der alle Kirchenaussagen als historisch relativiert gelten können und doch pietätvoll bewahrt werden, ist die einzige Basis vernünftiger Humanität in dieser Gegenwart, die Basis der bürgerlichen menschlichen Kultur auch der eigenen Lebenswelt. Gewiß, darin fehlt die Fremdheit des Urchristentums, wie sie gerade damals die eschatologische Perspektive herausbrachte, die Fremdheit des Christentums gegenüber Welt und Kultur und Bürgerlichkeit. Das Christentum mochte bürgerlich beruhigt als Selbstverständlichkeit der guten Gesinnung und des guten Handelns ankommen – und die späteren Kritiker wie Karl Barth haben das als Entschärfung, Verharmlosung, Harmonisierung empfunden. Für Harnack selbst war auch das so ausgelegte Christentum mehr als aufklärende Belehrung, mehr als moralischer Appell, es war wirkliche Veränderung, und es war eine solche, die auch das praktische mitmenschliche Leben verändert und neubegründet.

Der letzte große moderne Theologe, der hier zu nennen ist, ist Ernst Troeltsch, auch er Kirchen-, Ideen-, ja Sozialhistoriker, und ein universaler philosophischer Kopf dazu, neben Max Weber einer der großen Repräsentanten liberaler Reform. Troeltsch, der zuletzt die Theologie als akademisches Fach mit der Philosophie vertauschte, verstand sich nicht nur als Anwalt der Suchenden und Angeregten, er war selbst, anders als Harnack, von der Unruhe, von der ungeheuren Gewalt eines Krisengefühls bestimmt, wie vor ihm nur Friedrich Nietzsche: „Alles", so spürte er, „wackelt". Das ist die Krise des Historismus, der alles relativiert, auch die Ethik, auch alle Interpretationen des Christentums, auch die liberalen Versöhnungen zwischen urchristlichem Evangelium und Modernität. Das ursprüngliche Christentum war doch, so der Historiker mit dem Blick fürs Fremde, auf Armut und Leid, auf Gericht und Erlösung, auf ein Jenseits orientiert, nicht wie wir aufs Diesseits, auf Arbeit und Schönheit, Kraft, Behagen, kulturselig und innerweltlich. Die ethisch-personalistische Reduktion bei Ritschl, Hermann und Harnack verflüchtigt sowohl die Wirklichkeit der Religion wie die Verflochtenheit der personalen Existenz mit dem Ganzen der Welt und der Geschichte. Die ältere liberale Trennung von Erkenntnis und religiöser Lebensdeutung hat keinen Bestand. Selbst die Transzendenz Gottes gerät in den Strudel der Relativierung. Man muß endlich mit dem Ende des Idealismus und der Herrschaft von wissenschaftlichem Positivismus und praktischem Realismus radikal ernst machen. Troeltsch reißt mehr Aporien auf, als er Lösungen bietet. Eine Lösung sucht er zunächst in einer allgemeinen Religionsphilosophie, die die Religion als Elementarfaktum (und Apriori) in Beziehung zu Weltbild und Wissenschaft und als Wurzel jeder Kultur analysiert. In diesem Rahmen meint er dann zeigen zu können, daß das Christentum die relativ höchste Form der Religion ist, weil es über die Gotteserfahrung Jesu am meisten mit den tiefsten personalistischen und spiritualistisch-mystischen Bedürfnissen der Menschheit übereinstimmt, und daß erst auf dieser Basis die geistige Aufgabe der Gegenwart, eine „Kultursynthese“ möglich ist. Nur Religion sichert Geist und Freiheit in dieser modernen Welt. Freilich, eine Gründung der Religion, des Christentums und der Theologie auf Geschichte bleibt relativ, bleibt problematisch, endet im Offenen, ohne allerdings wie die Existentialtheologen der 20er Jahre den Zusammenhang von Religion und humaner, zeitgenössischer wie wissenschaftlicher Kultur als Aufgabe preiszugeben.

In ständiger Wechselwirkung mit der liberalen Theologie, aber immer selbständiger, immer unabhängiger von kirchlichen Rücksichten entwickeln sich die historisch-kritischen Teilwissenschaften der Theologie, sie werden zu einer geistigen Großmacht, die auch die Stellung der Laien zur Religion nachhaltig beeinflußt. Vier Komplexe sind in unserem Zusammenhang wichtig.

1. Julius Wellhausen und seine Schüler vollenden, vor allem zwischen 1878 und 1894, die historisch-kritische Bearbeitung des Alten Testaments zu einer Entwicklungsgeschichte der israelitischen Religion, die weithin fast unbestritten ist.

2. Die Interpretation des Neuen Testaments ist nicht so einhellig, aber die historisch-kritische Sonderung der Textgeschichte macht doch bedeutende Fortschritte, die ins allgemeine Bewußtsein dringen: Die Verkündigung Jesu, die alte Leitfrage nach dem Leben Jesu und die Verkündigung seiner Anhänger über ihn, der dogmatische Christus der neutestamentlichen Schriftsteller, sie werden deutlich unterschieden.

3. Im Rahmen des allgemeinen historischen Interesses wie der kritischen Methodik entfaltet sich die Kirchengeschichte, in Zeitschriften und der großen ‚Realenzyklopädie für protestantische Theologie und Kirche‘, und zumal die Dogmengeschichte als Auseinandersetzung des Christentums mit seiner Geschichte. Klassisch ist Harnacks dreibändige Dogmengeschichte (1888/89) – die Geschichte der Hellenisierung des Evangeliums

und der Verkirchlichung der radikal-gnostischen Interpretationen. Das Dogma ist Produkt einer Geschichte, ist historisch relativ. Das nun war geschrieben, jenseits des zeitgenössischen Positivismus, von einem Großmeister, der – selten für einen Theologen – zum bedeutendsten Repräsentanten der deutschen Wissenschaft, zum Geschichtsschreiber der Akademie, zum Organisator der Bibliotheken und neuen Forschungsunternehmen, zum Freund des Kaisers, zum „Geistesfürsten“, wurde; das hatte auch für die Rolle der historischen Theologie in der bürgerlichen Bildung Bedeutung.

4. Eine neue, die „religionsgeschichtliche“ Schule, stellt seit der Jahrhundertwende (Wilhelm Bossuet, Herman Gunkel) die biblischen Religionen ganz in eine allgemeine, vor allem orientalische und spätjüdische, eben außerbiblische Geschichte hinein; die elementaren Phänomene aller Religion – Kultus, Mythos, Mysterien – jenseits der rationalethischen Perspektive gerade der Protestanten, treten stärker in den Blick. Das Christentum wird aufgefaßt als eine „synkretistische Religion“ (Gunkel), es gerät mit seinem Offenbarungsmonopol in den relativierenden Vergleich mit anderen Religionen. Die personalistisch-spiritualistische Interpretation der liberalen Theologen wird schwieriger, und erst recht die Modernisierung einer so radikal historisierten Religion; die eschatologische Struktur der Verkündigung Jesu wie der Urgemeinde – die Erwartung des Weltendes z.B. – wird jetzt scharf erkannt, auch das erschwert das Verstehen des modernen Menschen. Die – aus einer anderen Frage stammende – ‚Geschichte der Leben-Jesu-Forschung‘ von Albert Schweitzer führt zu demselben Ergebnis: Die Entdeckung der Eschatologie zerstört das Lieblingskind der Liberalen des 19. Jahrhunderts: das Leben Jesu. Zeitweise erregt das alles öffentliches Aufsehen wie der sogenannte Babel-Bibelstreit um eine Herleitung der biblischen Religion aus der babylonischen. Wissenschaftlich hat sich aus dieser Schule auch die formgeschichtliche Methode entwickelt, die von den Gattungen religiösen Redens und ihrem „Sitz im Leben“ handelt, das wird dann die Grundlage von Rudolf Bultmanns Theologie der Entmytologisierung.

In einem weiteren Sinne gehört hierher auch die aus anderen philosophischen Überlegungen stammende religionswissenschaftliche Phänomenologie Rudolf Ottos; sein Buch ‚Das Heilige' von 1917 wird das am weitesten in der Welt verbreitete deutsche theologische Buch der Zeit, der Versuch, mit den Kategorien des Numinosen, des Tremendum, des Fascinans die Selbständigkeit der Religion – auch gegenüber der Ethik – herauszuarbeiten. Die neuen Kategorien der Zeit – Leben und Unmittelbarkeit – kommen zum Tragen. Das Christliche liegt dann darin, daß Christus die reinste Objektivierung des Heiligen ist.

Gewiß, liberale und historisch-kritische Theologie sind für die Folgezeit, für Karl Barth und Rudolf Bultmann, am wichtigsten, sind wissenschaftlich am originellsten und bedeutendsten. Es ist schwieriger, ihre zeitgenössisch-kirchliche Bedeutung abzuschätzen. Die liberale und vermittelnde Theologie war etwa in der Fassung Ritschls und seiner sozusagen ‚rechteren' Schüler gewiß nicht unkirchlich, aber doch eher auf bürgerliche Bildung und Jugend, auf die Stadt zentriert, stärker auf die weiten randkirchlichen Kreise, mit ihrem Interesse an Religion und Theologie, weniger auf die traditionelleren Kerngemeinden. Die historisch-kritische Theologie gar verselbständigte sich vielfach als Wissenschaft, sie spielte eine wesentliche Rolle für die zunehmende Fremdheit von Universitätstheologie und dem weiterhin verbal jedenfalls vorkritischen Gemeindeglauben.

Innerkirchlich und in der Zeit genauso wichtig wie die liberale und historische Theologie ist die breitgefächerte konservative Theologie, die sich der historischen Auflösung oder symbolischen Umdeutung der Bibel, der „Heilstatsachen", der traditionellen Dogmatik und Frömmigkeit widersetzte. Wir können uns hier mit wenigem begnügen. Diese Theologien waren nicht mehr einfach Sprachrohr der pietistischen Laienorthodoxie, die den Kirchenstil noch so stark bestimmte. Aber sie reflektierten doch den Glauben der traditionellen Kerngemeinde und liehen ihm Stimme und Argument in der Auseinandersetzung mit der Zeit. Sie beharrten auf der Positivität und Übervernunft der Offenbarung, betonten – gegen die Mehrheit der Liberalen –

scharf die existentiellen Krisenlehren des Christentums, die Sünde und das Böse, die Unterscheidung gegenüber der Welt der Arbeit, der Kultur und der Vernunft der jeweiligen Zeit. Freilich, auch die Konservativen denken in den Bahnen des 19. Jahrhunderts; wie Schleiermacher fangen sie an mit der Analyse des Selbstverständnisses, freilich nun des frommen erweckten Gläubigen. Gott gilt ihnen wie der Philosophie als Grund von Welt und Selbst; und die Leitworte des Jahrhunderts – Geschichte, Erfahrung, Tatsache – bestimmen auch dieses konservative Denken. Mit der Zeit, bis 1914, wird die historische Kritik soweit akzeptiert, daß man aufhört, den gesamten Text der Bibel simpel mit „Gottes Wort“ zu identifizieren. Bedeutend ist Johann Hofmann, bis zu seinem Tod 1877 der Führer der Erlanger Lutheraner, der die „Erfahrung“ des Glaubens und die Geschichtlichkeit des Glaubens in einer Geschichtstheologie analysiert. Bedeutend ist Martin Kähler, der den liberalen Ansatz beim historischen Jesus kritisiert, weil in der redlich interpretierten Bibel doch nur der „geschichtliche Christus“, den die Urgemeinde bekennt, vorzufinden ist. Interessant ist endlich vor 1914 eine neue Richtung, die der „Modern-Positiven“ um ihren Wortführer Reinhold Seeberg in Berlin. Sie unternimmt den Versuch, mit modernen – aber aufklärungsfernen – Kategorien wie Realität, Erfahrung, Geschichte, Entwicklung, Macht, Leben und Willen die „Heilstatsachen“ und die Möglichkeit einer „Offenbarungsreligion“ zu interpretieren, mit den Ergebnissen moderner Wissenschaft stimmig zu machen. Politisch entsteht dabei eine konservative Theologie der Schöpfungsordnungen von Volk, Nation, ja auch Rasse – der nationale Bestand von vor 1914 wird so geheiligt. Im ganzen war das ein apologetisches Werben um die Moderne. Ein wirkliches Gefühl für die Krise der modernen Welt freilich haben weder die Alt- noch die Neukonservativen entwickelt, aber auch bei den Liberalen kann man das eigentlich nur von Troeltsch sagen.

2. *Kirche und Frömmigkeit*

Die Theologie, so wichtig sie für den Protestantismus war, war nicht die Kirche, da spielten Traditionen, historische Sonderbedingungen und die gesellschaftlichen Verhältnisse eine wichtige Rolle. Nimmt man den theologischen Pluralismus zwischen Liberalen, Vermittlern – von ihnen haben wir nicht weiter gesprochen – und Konservativen, so wird man zunächst sagen, daß die soziale Organisation durchaus konservativer ist; die Durchschnittskirche ist stärker traditionell geprägt. Im zweiten Drittel des Jahrhunderts waren fast überall die aufklärerischen Elemente aus Liturgie, Predigt, Sprach- und Singstil und Praxis ausgeschieden worden, die Form der kirchlichen Religiosität war eher pietistisch, wirkte „positiv" bestimmt. Das hielt die Kerngemeinde zusammen, an sie richtete sich die Predigt, aber das grenzte sie auch gegen „außen" ab. Volkstümlich war die Predigt nicht, aber auch nicht modern gebildet, höchstens magistral dozierend.

Jenseits der Richtungen gab es einen verborgenen gemeinsamen Zug. Die protestantischen Kirchen waren nie Kirchen des Kultes gewesen. Aber auch die Lehre trat – trotz neupietistisch-orthodoxer Dominanz und Frömmigkeitsformen – im Normalkonsens zurück, die transzendente Begründung des Heils verblaßte, nicht in Predigt und Selbstinterpretation, aber in der Praxis. Die Kirche wurde, auch in Abgrenzung und Anspruch nach außen, stärker zur Anstalt (und zur Hüterin) der Moral, auch so verlor die Trennung von Sonntag und Werktag an Gewicht. Man kann geradezu von einem ‚Moralprotestantismus' sprechen, mit strengen Ehe-, Familien- und Sexualnormen, einem herben Rigorismus der Wahrhaftigkeit und der Pflicht, einer Scheu und Abneigung gegen allen Ausdruck von Emotionen. Das bestimmte auch die Randkirchlichen.

Wer sich enger der kirchlichen Rede von der Lebensführung verpflichtet fühlte, für den bekam alles einen wesentlich konservativen Zug. Denn die „positiv" geprägte Kirche stand in einem Nahverhältnis zur bestehenden Ordnung und ihren etablierten

Gruppen, sie konservierte damit die Werte patriarchalisch-ständischer Welt. Da war die Kirche nicht eigentlich bürgerlich.

Wie stand es mit den kirchlichen Richtungen? Dominierend waren die „Normalkonservativen", die „Positiven". Sie bestimmten Klima und Stil der Mehrheit, der Kerngemeinden. Die lutherischen Konfessionalisten und die ‚Freunde der Union' wuchsen innerhalb der unierten Kirchen zusammen. Die lutherischen Kirchen, in Bayern und Hannover vor allem, waren in Theologie und Stil besonders starke Bastionen des Konservativismus, auch deshalb, weil dieser allein die Kirchenleitung bestimmte.

Es gab die Sonderform des Pietismus, in den alten Zentren, im Bergischen, Sieger- und Sauerländischen, in Württemberg, in Schlesien und dann im Ruhrgebiet unter den Zuwanderern und ihren Gebetsvereinen, und neue Aufbrüche, zumal unter angelsächsischem Einfluß, einen Neupietismus, biblizistisch, antitheologisch und laienbestimmt, der einer Stimmung entsprach, die durch die Amtskirche unbefriedigt blieb. Teils am Rand der Kirche, teils außerhalb in Freikirchen – 1914 gehören etwa 150000 Menschen zu den protestantischen Freikirchen – nimmt das zu, gerade unter den kleinen Leuten; diese Kreise verbinden sich in bestimmten Konferenzen wie der Gnadauer Pfingstkonferenz (seit 1888). Hierher gehören Verbände wie der Christliche Verein Junger Männer, der CVJM (1883), auf ihn geht die das Jugendleben so prägende „Freizeit" zurück, später die Schul- und Studentenbibelgruppen. Das ist ein Phänomen, jenseits der modern bürgerlichen Kultur, und gegen sie, auch wenn man die Ambivalenz aller antiinstitutionellen Bewegungen bis zur Opposition gegen alle organisierte Christlichkeit berücksichtigt, z. B. daß der württembergische Pietist Christoph Friedrich Blumhardt zuletzt auch sozialdemokratischer Landtagsabgeordneter war. Aber auch die Normalkirche, die das draußen läßt, ist vom älteren normalpietistischen Lebens-, Rede- und Frömmigkeitsstil gebührend mitgeprägt.

Auf der anderen Seite standen die Liberalen, sie hatten eine andere Theologie, setzten auf Versöhnung mit Wissenschaft und Kultur, waren gegen die konfessionalistisch kerngemeindliche Enge, die pietistisch-orthodoxen Frömmigkeits- und Sprachstile. Dem allen gaben sie seit Ritschl die Schuld an der Entchristlichung – weil die Welt sich in der Kirche nicht wiederfinden könne. Im Pluralismus der Kirche, den wiederum die Konservativen oft für ihre Wirkungsverluste verantwortlich machten, sahen sie eine Stärke, sie glaubten an die über- und außerkirchlichen Wirkungen der protestantischen Ideen. Die Liberalen waren etwas intellektualistisch, auf Bildung und auf „Innerlichkeit" zentriert, distanziert gegenüber der Institution und Organisation Kirche, die jene Innerlichkeit gefährden mochte, sie waren ein wenig elitär, eher auf Gleichgesinnte und Randkirchliche gerichtet, mehr für die Religion als für die Kirche. Das schwächte ihre Position, zumal die Amtskirche ihren Anteil am trivialdogmatischen Konsens der Wohlmeinenden immer beschränkt hielt. Innerkirchlich waren die Liberalen in den größeren Städten stärker, zumal wo die Kommunen Patronatsrechte hatten, also an der Pfarrstellenbesetzung mitwirkten.

Eine andere Bastion des Liberalismus waren die theologischen Fakultäten. Sie hatten formell und mehr noch informell in Kirche, Staat und Öffentlichkeit eine starke unabhängige Position, die ganz jenseits von Majoritäten lag. Die Gleichberechtigung „freier theologischer Forschung" und bekenntnisgebundener Theologie (so hatte die badische Synode Ende der 60er Jahre ausdrücklich beschlossen), war ein Faktum; insgesamt stand deshalb die Theologie in einer institutionalisierten Dauerspannung zur Kirche. Darum wurde auch um sie gestritten. Die Fakultäten waren keineswegs einheitlich, Jena und Heidelberg z.B. waren durchweg liberal, Erlangen, Greifswald und Leipzig „positiv", Wellhausen z.B. mußte 1882/92 zuerst auf seine theologische und dann jedenfalls auf eine alttestamentliche Professur verzichten; Berlin, Tübingen, Göttingen waren gemischt. Aber da es eine gesamtdeutsche theologische Öffentlichkeit gab, war der Liberalismus mindestens gleich stark wie seine Kontrahenten, das konnte niemand übergehen.

Organisatorisch ging der kirchliche Liberalismus aber eher zurück. Der Protestantenverein, die große Neugründung der 60er Jahre, lief an der unerwarteten Tatsache auf, daß die Synoden konservative Mehrheiten hatten. Dazu kam, daß der Theologe, der dem bürgerlichen Liberalismus am meisten entsprach, Albrecht Ritschl, kein besonders kirchenpolitisches Interesse zeigte, er setzte darum mehr auf den minderheit- und freiheitschützenden Staat. Auch Harnack hat – historisch, aber auch kirchenpolitisch – die Tatsache des theologischen Liberalismus und Pluralismus darauf zurückgeführt, daß in Deutschland die Kirche nicht gemeinde-, sondern eher staatsgeprägt war. Der Liberalprotestantismus der 70er/80er Jahre wurde ein alternder, sozialpolitisch z.B. ganz manchesterlicher, Liberalismus. Seit 1887 war es dann eine neue Zeitschrift, Martin Rades ‚Christliche Welt', die, an die Gebildeten und Laien adressiert, mit relativem Erfolg die Kräfte des ‚freien Protestantismus' sammelte und in einem Zusammenschluß der ‚Freunde' dieser Zeitschrift auch organisierte (1892/1904). Der Evangelisch-soziale Kongreß, von dem wir noch reden, war ein anderes Forum dieses kirchlichen Liberalismus. Aber die Liberalen gehörten eher zur Rand- als zur Kerngemeinde. Unter den Pastoren waren sie eine Minderheit, freilich nicht zu übersehen; 1910 schätzt man sie im streng lutherischen Bayern auf 10%, in den etwas weniger konservativen Kirchen Mittel- und Südwestdeutschlands und mancher preußischer Provinzen lag dieser Anteil sicher höher.

Wie immer gab es natürlich auch mittlere Positionen, die sich auf ‚Vermittlungstheologen', Nachfahren des älteren Idealismus oder die ‚rechten' Schüler Ritschls stützten. In den Kirchenleitungen außerhalb der streng lutherischen Länder hatte diese ‚Mittelpartei', auch vom Staat als Ausgleichsferment gefördert, einen überproportionalen Anteil. Die Konservativen waren gegen ihre Tendenz zum pluralistischen Ausgleich, der im Konfliktfall den Liberalen zugute kam.

Man mißt die Stärke des im weiteren Sinn national-liberalen Protestantismus, wenn man sieht, wie die große Mehrheit der öffentlichen Kundgebungen aus dem evangelischen Bereich sich 1892 mit Vehemenz gegen den prokirchlichen (und damit prokatholischen) Schulgesetzentwurf der preußischen Regierung richtet.

In diesem Zusammenhang auch ist die wichtigste neue Großorganisation im deutschen Protestantismus zu nennen, der

‚Evangelische Bund zur Wahrung der deutsch-protestantischen Interessen'. 1886 im Ausgang des Kulturkampfes gegründet, entstammte er dem eigentümlichen Gefühl, daß der Protestantismus trotz seiner Modernität und seiner Nahstellung zum Reich dem Katholizismus mit wachsender Machtlosigkeit gegenüberstehe. Der Antikatholizismus der Protestanten, den der Kulturkampf trotz konservativer Reserven besonders gesteigert hatte, verfestigte sich jetzt organisatorisch. Gegen den Ultramontanismus, gegen das Zentrum, gegen katholische Paritätsforderungen, gegen die wilde gegenreformatorische Borromäus-Enzyklika von 1910, darum ging es. Im Grunde war man von der Identität nationaldeutscher und protestantischer Gesinnung überzeugt. Das hieß praktisch: der Bund war eine antiultramontane Propagandazentrale und pressure group, etwa in den Wahlkämpfen, mit der Stoßrichtung gegen das Zentrum. Insofern wurde er zu einem nationalliberalen ‚Wahlhilfsverein', denn Konservative und Linksliberale waren dem Zentrum gegenüber kompromißfähig. Seit 1909 z.B. war der Bund entschieden gegen den schwarz-blauen Block. Daher standen sowohl die Konservativen wie auch die Regierung, die ja mit dem Zentrum kooperieren mußte, dem Bund und seinem „Radau-Protestantismus" recht reserviert gegenüber. Dazu steigerte sich der Bund zumal in den deutsch-polnischen Gebieten in einen hypertrophen quasi-alldeutschen Nationalismus. Gewiß, das war auch eine Taktik bei dem Bemühen, die eigene Existenzberechtigung nachzuweisen, aber es drückte nicht nur die Nationalisierung des deutschen Protestantismus aus, sondern intensivierte sie noch ganz erheblich. Der Bund wurde eine Massenorganisation – vor allem der Mittelschichten –, 1891 mit 60000, 1905 mit 295000 und 1911 gar mit 470000 Mitgliedern. Kirchlich und kirchenpolitisch repräsentierte er überwiegend die Position der Mitte, und der Berliner Oberkirchenrat stand auf seiner Seite; aber diese Mitte sammelte sich nicht mehr um eine religiös-theologische Position, sondern um Antikatholizismus und seine nationale Überprägung. Das war jetzt im Zeitalter der Massen noch vitales religiös-politisches Potential.

Die großen Richtungen hatten alle ihre eigenen Publikationsorgane, föderalistisch regionalisiert; es gab ein vielfältiges evangelisches Pressewesen. Zieht man die organisierten Sonderwerke mit in Betracht, so waren es Anfang der 90er Jahre 235 Publikationen, 118 davon mit einer Auflage von 1,4 Millionen.

Die Gegensätze der Richtungen im Täglichen waren stark: Pietisten und Orthodoxe sprachen von ihren Gegnern als den „Ungläubigen", die wieder von „Pietisten" und „Frömmlern". Wo es keine liberalen Pfarrer gab, lief die Scheidung auf die zwischen Kern- und Randgemeinde hinaus.

Organisatorisch hat die Kirche sich mit ihrem Gemeindeaufbau nur langsam den großen Wanderungs- und Urbanisierungsprozessen angepaßt. In Berlin war das besonders auffällig: In den 70er Jahren kamen hier auf 1,45 Millionen Kirchenglieder nur 120 Pfarrer. In einer Nürnberger Vorstadt kamen 1884 24 000 auf einen Pfarrer, und das hatte in den ‚neuen' Vierteln der Arbeiter natürlich auch Auswirkungen. Man hat das Zurückbleiben aufzuholen gesucht. Mit Spendengeldern und höfischer Protektion sind dann allein in Berlin 43 neue Kirchen gebaut worden: nicht nur die Dankkirche in Wedding, gestiftet dafür, daß der Kaiser das Attentat 1878 überlebte, nicht nur die Kaiser-Wilhelm-Gedächtniskirche und der Dom. Im Rheinland wurden (1880/1909) 78, in Sachsen (1886/1900) 60 neue Gemeinden begründet. Dennoch, das ländlich-kleinstädtische alte Deutschland überdauerte in der Kirche weit länger als im Leben der Menschen.

Natürlich, die evangelischen Kirchen waren Pastorenkirchen, und die Pastoren waren akademisch gebildete Theologen, das prägte ihre Stellung. Sie waren, ganz anders als der katholische Klerus, Teil der akademischen Welt, sie gehörten zu den Studierten und Gebildeten, sie standen im Konnex mit der Wissenschaft und (oder) der ‚Kultur', sie waren – über Gehaltsregelung und zwei Ausbildungsstufen – Quasi-Beamte, und staatsbezogen wie die Kirche war, gehörten die Pfarrer zum Establishment. Das prägte ein Stück weit ihre Tätigkeit und den Kirchenstil, das machte die Kirche auch so theologisch. So groß die Berufskonstanz in Pfarrerfamilien auch war, nur ein Fünftel bis ein Drittel der Theologiestudenten waren Pfarrerskinder, sehr viele kamen aus dem kleinen Mittelstand, in Bonn ein Viertel aus dem neuen Mittelstand, davon die Hälfte Lehrerssöhne – das Theologiestudium war billig und kurz, und es gab viele Stipendien. Das schränkte die hochbürgerlichliche Bildungsorientierung etwas ein und verstärkte den konservativ-vorwissenschaftlichen Frömmigkeitsstil. Und da die Verteilung der Pfarrstellen der Verstädterung nur sehr verspätet folgte, gab es überproportional viele ländlich-kleinstädtische Pfarrer, das befestigte jenes Milieu.

Lebensstandard und Einkommen der Pfarrer waren vergleichsweise karg und bescheiden, nur sehr langsam setzte sich gegen die alten feudalen und auch kommunalen Patronate eine wenigstens gleichmäßigere Besoldung mit Mindestgehältern durch. Auch die Pfarrer fingen, moderne Profession, an, Interessen in ‚Pfarrervereinen' zu vertreten.

Neben der Kirche der Gemeinden gab es die großen Anstalten und „Werke", die in den ersten beiden Dritteln des Jahrhunderts entstanden, oft auf der Basis freier Vereine, die unter dem Begriff ‚Innere Mission' zusammengefaßt werden. Das wuchs und ‚blühte' weiter. Die Betheler Anstalten wurden aus einer Anstalt für Epileptiker 1872 eine allgemeine Anstalt für Behinderte. Hier wurde viel Geld in caritative Tätigkeit geleitet. In den Großstädten wurden diese Anstalten und ihre missionarische Aktivität in eine ‚Stadtmission' zusammengefaßt.

Dann gab es auch im evangelischen Bereich die Vereine. Gewiß, es gibt nicht wie den „Vereinskatholizismus" einen „Vereinsprotestantismus". Aber im typischen protestantischen Klima entstehen viele Vereine – gegen Trunksucht, Unsittlichkeit, für entlassene Strafgefangene, Vereine zum Bau von Kirchen oder auch Jünglings-, Gesellen- und Arbeitervereine. Diese Vereine aber sind kaum ein Element der Erneuerung, sie setzten das durchschnittliche Gemeindeklima fort.

In diesen Zusammenhang gehört aber auch die Entstehung der Frauenvereine. In der aufkommenden sozialen Arbeit der Gemeinden waren Diakonissen tätig. Dazu bildeten sich (1894 zuerst) Diakonievereine und die freiere Frauenhilfe: Frauen organisierten soziale Tätigkeit. 1895 trat zum ersten Mal eine Frau in der kirchlichen Öffentlichkeit auf. Auf dem Evangelisch-Sozialen Kongreß sprach Elisabeth Gnaucke-Kühne über die soziale Lage der Frauen, und es bildete sich eine evangelisch-soziale Frauengruppe. 1899 dann wurde der Deutsch-Evangelische Frauenbund gegründet, gegen die säkulare Frauenbewegung und gegenüber den zu liberalen evangelisch-sozialen Frauen distanziert, kirchlicher und konservativer. Aber Frauenstudium, gleicher Lohn für Frauen und Teilnahme an den kirchlichen Gemeindewahlen, das gehörte schon zu den Forderungen; die allgemeine Wahlrechtsfrage stellte man wegen Dissens zurück. Seit 1912 trat man immerhin für das Kommunalwahlrecht der Frauen ein. 1908 trat dieser Bund dem bis dahin eher linksbürgerlichen Bund Deutscher Frauenvereine bei, wurde ein Teil und Flügel der bürgerlichen Frauenbewegung. Diese evangelische Frauenbewegeung stand gewiß in einem Dilemma: zwischen dem konservativ-kirchlich-traditionellen Ideal der steten ‚Dienstbereitschaft' der Frau und dem modernen der Mündigkeit; aber auch die konservative Aufnahme der neuen Fragen und Forderungen hatte im ganzen nicht einen abwiegelnden, sondern einen emanzipatorischen Effekt. Hier vollzog sich langsam eine stille Revolution.

3. Kirchenverfassung

Für die Entscheidungen innerhalb der Kirchen, für ihre Orientierung, ihren Stil, ihren Geist, kam es nun auch wesentlich auf ihre Verfassungen an. Dieser Frage wenden wir uns jetzt zu.

Verfassung, das betraf einmal das Verhältnis zwischen Kirche, Staat und Landesherrn, gemeinhin dem Monarchen. In Deutschland lebten die Kirchen traditionell vom Staat, von Staatszuschüssen und der staatlich erhobenen Kirchensteuer, die vor 1914 allmählich zum Zuschlag zur Einkommensteuer wurde. Der Staat hatte generell allen Kirchen gegenüber ein Aufsichtsrecht, das war die staatliche Kirchenhoheit, die auf die Wahrung von Recht und Frieden, von Staatssouveränität und

Staatsloyalität zielte. Im evangelischen Deutschland aber war der Landesherr auch oberster Bischof und führte als solcher das „Kirchenregiment“ auch über die „inneren“ Angelegenheiten der Kirche. Die beiden Funktionen, in absolutistischer Zeit zusammengewachsen, waren im 19. Jahrhundert wieder getrennt worden: Die Kirchenhoheit lag bei den Kultusministerien, das Kirchenregiment bei Konsistorien oder Oberkirchenräten – in Preußen seit 1850 beim Evangelischen Oberkirchenrat und den ihm nachgeordneten provinzialen Konsistorien und Generalsuperintendenten. Diese Behörden, aus Juristen und Theologen gebildet, waren kirchliche Behörden, keinem Minister unterstellt, ihre Mitglieder waren vom Monarchen ernannt. In Bayern und Sachsen, wo die Monarchen katholisch waren, waren diese Behörden natürlich unabhängiger als in Preußen. Die Trennung vom Staat war nicht vollkommen: Die Behörde war in Preußen im Staatshaushalt etatisiert, die juristischen Mitglieder kamen aus dem Staatsdienst, der Minister beriet den Monarchen ‚amtlich‘ bei seinen einschlägigen Entscheidungen – dennoch darf man die Trennung der Behörden, jeder Kenner der Verwaltung weiß das, nicht geringachten. Der Monarch hatte kein direktes Weisungs- und Eingriffsrecht. Aber er blieb über sein Ernennungsrecht in den Grenzen von Bekenntnis, Recht und Verfassung der Herr des Kirchenregiments.

Verfassung, das betraf zum anderen das Verhältnis von Kirchengliedern und Kirchenleitung. Gegen die obrigkeitliche „Konsistorial“- (oder die hierarchische Bischofs-)verfassung stand die Idee der Synodalverfassung, die Tendenz zur Mitbestimmung der Kirchenglieder in Presbyterien und Synoden, die im Westen an alte reformierte Tradition anknüpfen konnte. Das war das Kirchenverfassungsideal der Liberalen; Konservative und Orthodoxe standen solchen demokratischen Bestrebungen mit großen Vorbehalten gegenüber; die liberalen Mehrheiten, die die einen von Wahlen erhofften, perhorreszierten die anderen.

Die Entwicklung lief – wie beim konstitutionellen Verfassungstyp – auf ein gemischtes System, ein Gleichgewicht konsistorialer und synodaler Elemente heraus. In Hannover kam 1864 eine solche Verfassung zustande, in Preußen begann man mit dem Aufbau von Kreis- und später von Provinzialsynoden. Strittig war dabei auch, wie die Synoden aus Laien und Theologen zusammengesetzt und wie sie gewählt werden sollten. Sollte die Kirche mehr Gemeinde- und Volkskirche oder mehr Pastoren- und Theologenkirche sein (und damit auch Bekenntniskirche?) – in beiden Fällen konnte das auf größere Unabhängigkeit vom Staat hinauslaufen. Insofern überkreuzten sich die Fragen der Staatskirche mit der der Gemeinde- oder Pastorenkirche.

Schließlich spielte in der Verfassungsfrage in den 60er Jahren, das war freilich auf Preußen beschränkt, die Opposition der Lutheraner gegen die Union eine Rolle: Die Mitte und die Linke verteidigten die Union als Hort von Pluralismus und Lehrfreiheit gegen die Konfessionalisten, aber es gab auch die staatsloyal-konservativen „positiven" Freunde der Union, die sich auch theologisch vom Amts- und Sakraments-Luthertum der Reaktionszeit distanzierten.

Diese Probleme bündelten sich in Preußen, als nach 1864/66 die Frage der kirchenpolitischen Integration von acht Landeskirchen der annektierten Gebiete auf der Tagesordnung stand. Legitimistisch-großdeutsche Lutheraner und konservative und vermittlungstheologische preußische Nationalpatrioten standen gegeneinander. Die Lutheraner wollten die Union auflösen und eine gesamtpreußisch-lutherische Landeskirche bilden, die Unionsfreunde eine großpreußische unierte Kirche, weder Auflösung noch Föderalisierung der Union, noch – wie die Liberalen des Protestantenvereins – eine nationalprotestantisch unitarische Reichskirche. Die Dinge entwickelten sich zu einer Blokkade. Der Oberkirchenrat konnte sich Ende der 60er Jahre mit seiner unionsfreundlichen, zugleich kirchenpolitisch-theologisch „mittleren" Linie nicht durchsetzen, nicht gegen das adlig-bürokratische Establishment und nicht gegen die orthodoxen Konfessionalisten. Aber eine lutherisch-orthodoxe Neuordnung war gegen die liberal-konservative Landtagsmehrheit nicht zu haben, auch die Föderationsidee des konservativen Ministers Heinrich von Mühler blieb – gegen Bismarck und die Liberalen – auf der Strecke; und eine kirchliche Eingliederung der annektierten Gebiete, die großpreußische Ausdehnung der Union, scheiterte an Bismarcks realistischem Kalkül, die Integration der „neu"preußischen Gebiete nicht zusätzlich zu erschweren. Auch die Reichsgründung hat zu keiner Neuorganisation der deutschen evangelischen Kirchen geführt – zu keinem lutherischen, keinem unierten, keinem liberal unitarischen und keinem föderalistischen Zusammenschluß –, alle erwarteten von Neuregelungen ganz Unterschiedliches. Eine Versammlung von 1500 Kirchenleuten im Oktober 1871 (der „Muckerkongreß", wie Friedrich Engels spottete) führte zu keinem Ergebnis. Es blieb einstweilen für gemeinsame Aufgaben bei einer bloßen Konferenz der Kirchenleitungen (in Eisenach), wie sie schon seit 1852 bestand; erst 1903 entstand daraus der etwas aktivere Deutsch-Evangelische Kirchenausschuß.

Auch in Preußen gab es keine großpreußische Lösung. Die bisherigen Kirchen blieben bestehen. Aber die offene Verfassungsfrage der „altpreußischen" Union wurde 1872 in einem vermittelnden Sinne gelöst. Der neue liberale Kultusminister Adalbert Falk erreichte, daß der Initiator der Hannoverschen gemischten Verfassung Emil Herrmann Präsident des Oberkirchenrates wurde. Innerkirchlich setzte sich nun gegen heftigen Widerstand der Orthodoxie die gemischte Verfassung durch, das Zusammenwirken von Wahlgremien und obrigkeitlich eingesetzten Amtsträgern. Die Trennung von Kirche und Staat dagegen, die sowohl Bismarck wie die Liberalen verstärken wollten, kam gegen den Monarchen nicht wesentlich voran.

Wie sah die neue Ordnung aus? In den Gemeinden gab es gewählte Gemeindekirchenräte; freilich, die Rechte der Kirchenpatrone, also z.B. des ostelbischen Adels, blieben stark; darüber gab es Kreissynoden mit sämtlichen Pfarrern und einer gleichen Anzahl von Laien, von den Kirchenräten bestimmt; darüber, wiederum indirekt gewählt, Provinzialsynoden, paritätisch aus Geistlichen und Laien, dazu einem Sechstel monarchisch ernannter Mitglieder, Komplementärorgan zu den landesherrlichen Generalsuperintendenten und Provinzialkonsistoren. Schließlich gab es eine Generalsynode – 50 gewählte Laien und 50 gewählte Pastoren, dazu Universitätsvertreter, andere Mitglieder von Amts wegen und 50 vom König ernannte Mitglieder. Also eine Verbindung von Gemeinde-, Pastoren- und Staatskirche. Für die Praxis erwiesen sich zwei Dinge als wichtig. Einmal: Das indirekte Wahlsystem war nicht proportional, es begünstigte klar die Mehrheit; der Versuch, einen Minderheitenschutz einzuführen, war gescheitert. Das neue System wurde ausgefüllt von Kirchenparteien: den konfessionellen Lutheranern und den orthodoxen Anhängern der „positiven" Union, der vom Hofprediger Rudolf Kögel in den 70er Jahren organisierten „Hofpredigerpartei", der vermittelnden kulturprotestantischen Mittelpartei unter Willibald Beyschlag, den Liberalen des Protestantenvereins. Unter den gegebenen Verhältnissen einigten sich die Konservativen und gegebenenfalls die Mittelpartei, die Liberalen wurden heraus-‚filtriert'. Aber auch bei einem anderen System wären sie in der Minderheit geblieben: Die Laien waren, schon in den Kirchenvorständen, eher orthodox und klerikal, etwa gegenüber liberaleren Pfarrern; die Atmosphäre und die Praxis des Kirchenbesuchs bei nichtliberalen Pfarrern ermunterte die Liberalen nicht zum Wählen und Kandidieren, nur in Berlin gab es in den 70er Jahren eine liberale Synodalmehrheit. Im ganzen vertrat das gewählte Kirchenestablishment die eher konservative Kernkirche, nicht die breitere bürgerliche Randkirche. Liberale Zurückhaltung begünstigte konservative Mehrheiten, diese Mehrheiten verstärkten wieder solche Zurückhaltung. Auch sozial waren die Synoden vom alten Establishment bestimmt – viel Adel und Beamte, wenig Wirtschaft und Bildung bei den Laien, und bei den Theologen eher die höheren Chargen. Es waren eher feudal-obrigkeitliche als bürgerliche Versammlungen. Wo freilich, wie in Teilen Thüringens, in Baden, zum Teil auch in der Pfalz, Wahlsystem und Atmosphäre etwas liberaler waren, erzielten die Liberalen auch bessere Ergebnisse.

Zum anderen: Das konstitutionelle Modell funktionierte in der Kirche nicht. Die Synoden tagten selten – die Generalsynode gar nur alle 6 Jahre –, und sie hatten nicht sehr viel zu entscheiden, sie betrachteten sich nicht als initiatives und kontrollierendes Parlament gegenüber dem Kirchenregiment, sondern als dessen kooperative Ergänzung. Insofern war auch der Anreiz der neuen Verfassung, das Kirchenvolk aus seiner langen Tradition der Unselbständigkeit zu Mit- und Selbstbestimmung zu führen, gering. Die Kirche blieb vorwiegend Anstalt.

Insgesamt war die Kirche doch – auch jenseits der Rechtssätze – staatlich geprägt, nicht gesellschaftlich, sie ‚roch' mehr nach Staat, gerade in ihrer organisatorischen Gestalt der Amtskirche. Das prägte den Geist.

Dennoch, die Dreiteilung der Macht zwischen Landesherr, Oberkirchenrat und Synoden, so sehr sie alle im Grundkonsens des Establishments standen, führte zu Konflikten. Der preußische Oberkirchenrat unter Führung des Präsidenten Herrmann entsprach dem liberal-konservativen Kompromiß der Kulturkampfzeit und wurde auch von Bismarck gestützt. Er lehnte die orthodoxe Intoleranz gegenüber liberalen Pastoren als eine Gefahr für die Einheit der Kirche ab. Das aber erregte die Opposition der konservativen Hofpredigerpartei Kögels und das Mißtrauen des Monarchen. 1873 lehnte der Oberkirchenrat die vom König gewünschte Amtsenthebung des liberalen Pfarrers Karl Leopold Adolf Sydow ab, 1877/78 häuften sich solche Personalkonflikte. Der Oberkirchenrat lehnte die Verlangen des Monarchen weiterhin ab, aber der Präsident Herrmann trat darüber, wie es dem Stil der konstitutionellen Monarchie entsprach, zurück, und kurz danach – vor dem Abbruch des Kulturkampfes – der Kultusminister Falk. Dahinter stand die Spaltung der Evangelischen über den Kulturkampf. Die altkonservative und orthodoxe Opposition fand beim Monarchen ihren Rückhalt, gerade Zivilehe und weltliche Schulaufsicht galten ihm als antireligiöse Einbrüche. Der König war – so zeigte sich – nicht mehr Herr der Kirche, er war auf seine Minister (und über sie auf die parlamentarische Lage) angewiesen, aber wo er einen existentiellen Konflikt sah, konnte er sich von seinen Beratern trennen, da hatte er eine letzte Entscheidung. Die neuen Ernennungen stärkten die Positiven, die Hofpredigerpartei – das war Ergebnis des landesherrlichen Eingreifens.

Die Frage nach dem Verhältnis von Landesherr und Kirche blieb freilich noch bis in die Anfänge Wilhelms II. aktuell. Der konservative Protestantismus war gegen den Kulturkampf, auch weil er die Allmacht des Staates bekämpfte: Unter diesem Aspekt war die Kirche gewiß nicht staatshörig. Der Hofprediger Adolf Stoecker und ein betont anti-etatistischer Flügel der Konservativen forderten größere Selbständigkeit der Kirche. Um Volkskirche sein zu können, müsse sie aufhören, Staatskirche zu sein; die konservativen Synoden wußte man jetzt im Rücken. Die Normalkonservativen richteten sich vor allem gegen die Regierung, das hieß die (nicht orthodoxe) Bürokratie, und natürlich gegen das Parlament, nicht gegen den König. Stoecker griff das ganze System der Unterordnung an; Staat und Monarch seien da nicht zu trennen, die Staatskirche sei byzantinisch und neutralistisch, sei die Kirche nicht der Gläubigen, sondern der Steuerzahler. Aber das blieben Extremmeinungen. Die Mittelpartei wie der Oberkirchenrat waren dagegen und auch die Liberalen – denn nur der Staat schützte sie vor einer klerikal-orthodoxen Mehrheitskirche. Viele waren auch gegen die damit verbundene Tendenz Stoeckers, aus der Kirche eine politische Partei, ein evangelisches Zentrum zu entwickeln. Und der selbstherrliche neue Kaiser, das war entscheidend, wollte seine Rechte nicht schmälern lassen. Mit ein paar Verstärkungen der Selbständigkeit fing die Regierung in den 90er Jahren diese Bewegung endgültig ab.

Die Konflikte der Kulturkampfzeit haben sich nicht wiederholt. Wilhelm II. stützte nicht mehr wie sein Großvater die Orthodox-Positiven, er setzte auf Ausgleich der innerkirchlichen Parteigegensätze. Das war die Linie der Mittelpartei, sie dominierte seit 1891 wieder das Kirchenregiment, das war insofern weniger orthodox-konservativ als die synodalen Mehrheiten. Aber am landesherrlichen Kirchenregiment, den monarchischen Prärogativen hielt der Kaiser entschieden fest: Nur strikte Anhänger dieses Systems wurden ernannt, eine Änderung der Verfassung sollte nicht auf die Tagesordnung kommen. Und dazu gehörte natürlich, davon reden wir noch, daß die Kirche in den staatlichen Kampf gegen den Umsturz eingespannt wurde.

Eine der zentralen Streitfragen bei kirchenamtlichen Entscheidungen blieb die, wie weit der innerkirchliche Pluralismus und Dissens reichen dürfe, wie weit Pfarrer und Theologen an feste „Bekenntnisse“ gebunden seien. Das war die Sache der protestantischen Unruhe und für die Liberalen, angesichts der „positiven“ Mehrheiten, eine Lebensfrage, das war auch eine Frage, die die – stark vom Kirchenrand bestimmte – öffentliche Meinung erregte. Das waren die Konflikte, über die die Ergebnisse der „modernen“ Theologie unter die Leute kamen. Und das war eine zentrale Frage der theologischen Fakultäten, in denen die Liberalen so starke Positionen hatten. An den Universitäten setzte der Staat, auf Wissenschaftsfreiheit verpflichtet, auf eine Art Ausgleich – in Preußen zwischen den theologischen Fakultäten und auch in ihnen. Aufsehen erregte 1888 die Berufung des Liberalen Harnack nach Berlin, gegen den Einspruch des Oberkirchenrats, gedeckt durch das gesamte Kabinett und Bismarck und letztlich vom neuen Kaiser entschieden („Ich will keine Mucker“). Zum Ausgleich gab es dann später auch eine „positiv“ besetzte Gegen(oder Straf)professur. Im ganzen hat sich trotz mancher Klagen die liberale und wissenschaftliche Theologie institutionell behauptet und weiter entwickelt. Dann gab es Konflikte um die Bindung der Pfarrer an das Bekenntnis. 1892 erregte der Fall des Württembergers Christoph Schrempf Aufsehen. Er lehnte es ab, das apostolische Glaubensbekenntnis noch zu benutzen: Jungfrauengeburt, Höllenfahrt und Auferstehung waren den Modernen anstößig, und gesinnungsrigoros wollten sie auch das symbolisch distanzierte Verständnis solcher Formeln nicht mehr und gerieten dadurch natürlich in Konflikt nicht nur mit Kirchenleitungen, sondern mit ihren Gemeinden. Schrempf wurde seines Amtes enthoben, und daran entzündete sich ein langdauernder wilder „Apostolikum-Streit“. Harnack, der gerade die Jungfrauengeburt als besonders anstößiges Dogma herausgestellt hatte, war zwar grundsätzlich für eine Reformulierung, aber aus Rücksicht auf Tradition und Gemeinden gegen die Abschaffung; er wurde von beiden Seiten angegriffen. Solche Dissidentenfälle gab es immer wieder: 1911 wurde der radikal-liberale Kölner Pfarrer Carl

Jatho seines Amtes enthoben; die liberale und randkirchliche Öffentlichkeit empfand das als Verstoß gegen die evangelische Freiheit; Harnacks Meinung, die Kirche sollte den wirkungsmächtigen Mann ertragen, obwohl seine ‚Theologie' mit dem evangelischen Glauben unvereinbar sei, schien – noch einmal – halbherzig. Einer der Verteidiger Jathos, Gottfried Traub, der dann in der Politik eine Rolle spielte, wurde ein Jahr später amtsenthoben; in Bayern sorgten die Nürnberger Friedrich Rittelmeyer und Christian Geyer für ähnliche Aufregung.

4. Kirche und Politik

Die Protestanten und die Nation

Die nächste große Frage, die für eine allgemeine deutsche Geschichte natürlich ganz zentral ist, ist die Frage nach der Stellung des Protestantismus zur Politik – und das heißt konkret zur Nation, zur Verfassung und zur sozialen Frage. Diese Frage ist für uns traumatisch belastet: Die Erinnerung an das Bündnis von Thron und Altar, an den ‚Sündenfall' des Nationalismus, an das bürgerliche Versagen vor der sozialen Frage bestimmen das gängige Bild – die Kirche der wilhelminischen Zeit sitzt auf der Anklagebank. Sehen wir zu.

In den Jahren der Reichsgründung war die Stellung des Protestantismus zur Nation keineswegs eindeutig. Es gab – von 1813 wie vom Wartburgfest 1817 her – eine protestantisch-nationale Tradition, Schleiermacher hatte ‚Volkstreue' zu einem Teil der ‚Gottestreue' erklärt. Die liberal-nationale Bewegung war protestantisch eingefärbt, der liberale Protestantenverein von 1863 war auch entschieden national. Daß aber der Sieg von 1866 als Sieg protestantischer Kultur und Staatlichkeit interpretiert wurde, als Revision des 30jährigen (Religions-)Krieges, daß Königgrätz in die Kontinuität der „Helden von Wittenberg und Worms" gestellt wurde, das waren kulturprotestantische Überdeutungen durchaus außerhalb der Kirchen. Die Mehrheit der Amtskirchen, die positiven orthodoxen und pietistischen

Pastoren und Laien standen dem Nationalismus reserviert gegenüber; sie waren partikularistisch auf Dynastien und Territorialstaaten bezogen oder auf den großdeutschen Födcralismus des Deutschen Bundes, gegen ‚Kronenraub und Nationalitätenschwindel', gegen die Vergötzung der deutschen Einheit. Und 1866 zählte die große Mehrheit der außerpreußischen Kirchen zu den Gegnern Preußens; die Kirchen Hannovers und Kurhessens waren Säulen des ‚partikularistischen' Widerstands gegen die preußischen Annexionen.

1870/71 ist das, entsprechend der allgemeinen Stimmung, anders, aber doch sehr differenziert. Der Krieg ist – in den Predigten – zuerst gerechter patriotischer Krieg der Verteidigung; bei allem Hochgefühl ist wilder Nationalismus relativ selten, Chauvinismus gilt als heidnisch und – französisch. Sodann: Der Krieg wurde, gegen alle Selbstüberhebung, stark unter dem Aspekt auch von Sünde und Buße gesehen – die Liberalen haben das kritisiert und sahen darin auch Antipreußentum. Bußtage wurden offiziell angesetzt, und der später so emphatisch gefeierte Sedantag sollte ursprünglich, nach der Idee des Betheler Pfarrers Friedrich Bodelschwingh, ein solcher Bußtag sein. Darüber hinaus geht dann freilich eine Geschichts- und Vorsehungstheologie: Die Kriegsentscheidung ist Entscheidung des gerechten, richtenden, strafenden, segnenden Gottes – durch die Hohenzollern, der Sieg wird als Handeln Gottes, als „Gottes Führung" und Vorsehung interpretiert, und sodann gewinnt auch die Reichsgründung, die Zeitgeschichte religiöse Qualität; ja, so heißt es in entschieden patriotischem Rückgriff, Jena und Tilsit seien durch Gottes Gnade tausendfach vergolten, und die Annexion des Elsaß, die die Orthodoxen 1848 noch verworfen hatten, weil man den geschichtlichen Verlust als Gottes Fügung hinnehmen müsse, wird geschichts-theologisch gerechtfertigt. Freilich, anders als 1914, ist alles auf den Frieden bezogen, auch die französische Geschichte steht unter Gottes Fügung – diese Geschichtstheologie ist noch mehr vaterländisch als nationalistisch. Aber dann gibt es auch die protestantisch-nationalistische Deutung des Krieges: Es ist ein Sieg Wittenbergs über das Babel Paris, über Atheismus, Ultramontanismus und Revolution, die Reichsgründung wird dann zur Vollendung der Reformation. Stoecker spricht von der „Spur Gottes von 1517 bis 1871" und vom „Heiligen Evangelischen Reich deutscher Nation", und ähnliche Töne begegnen einem gelegentlich. Bei den Liberalen war der Zusammenhang von Reformation und Reichsgründung beliebter als bei den Konservativen – aber im ganzen blieb das vorerst eine Seitenlinie. Mindestens das Kaisertum wollten Gouvernementale wie Nationalliberale ganz säkular verstanden wissen, und entsprechend war die Kaiserproklamation ja kein kirchlich-sakraler Akt. Ein nüchtern konservativer Theologe wie Martin Kähler betont 1872 zwar die „protestantische" Kontinuität der jüngeren deutschen Geschichte, aber im selben Atemzug wendet er sich gegen den „echt heidnischen nationaltrunkenen Haß gegen das Universale im Christentum", und der bayerische konservative Lutheraner Adolf Harleß wendet sich gegen den Nationalismus als Ersatzreligion. Immerhin, die preußen- und einheitsfeindlichen Staatstheologien der Partikularisten von 1866 waren ganz zurückgetreten.

Freilich, zu einer nationalen Kirchenorganisation kam es, wir sagten es, nicht; der Hofprediger Wilhelm Hoffmann hatte zwar 1868 Preußens Beruf zur nationalen Einigung auch der Kirche propagiert, aber diese Vorstellungen ergriffen bei den Amtsträgern höchstens eine Minderheit.

Wie immer man diese protestantischen Interpretationen von Krieg und Reichsgründung gewichtet, kein Zweifel kann sein, daß nach 1871 relativ schnell der entschiedene Nationalismus in die Kirche einströmt, der „Pastorennationalismus", die Identifizierung von evangelischer und nationaler Gesinnung, von Kaiser, Reich und Protestantismus.

Das hat zwei unterschiedliche Wurzeln. Einmal: Die liberale Verbindung von deutsch und protestantisch, deutscher Kultur und Reformation wird zur nationalprotestantischen Geschichtstheologie, im spätidealistischen Kulturprotestantismus gewinnt nun die Nation – mehr als der Staat – Heiligkeitscharakter. Der Nationalliberalismus verschmilzt mit protestantischen Beständen, der begabteste Sprecher des Nationalismus, Treitschke, der sich zum Christentum zurückwendet, ist etwa mit einer berühmten Lutherrede zum Jubiläum von 1883 dafür besonders charakteristisch. In den Geschicken der Nation waltet die Vorsehung. Liberal-nationale Kirchenmänner sprechen davon, daß „die Nationalität ein göttliches Recht in der Kirche habe" (der Hofprediger Hoffmann); der nationale Staat bedürfe zur Festigung des nationalen Bundes einer nationalen Kirche. Der Präsident des Oberkirchenrats Herrmann spricht von der ‚nationalen Aufgabe der Kirche', vom Dienst der Kirche am deutschen Volk, dem sie zur Besinnung auf seine ‚heiligsten Güter', zur Entfaltung seiner ‚edelsten Kräfte', zur Überwindung seiner ‚gefährlichsten Schäden' helfen könne.

Zum anderen: Der protestantische Konservativismus wird, gegen seine älteren Traditionen, national. Die Nation war – so lief das legitime Argument – jetzt die ‚sittliche Macht', die wirkliche Geschichts- und Handlungsgemeinschaft, in der die Menschen lebten; die Kirche, die Volkskirche sein wollte, mußte sich auf diese Realität beziehen. So hat z.B. Johann Hinrich Wichern gedacht. Und wenn man bis dahin auf Staat und Obrigkeit und Monarchie bezogen war, so mußte das nun auch für die nationale Monarchie gelten – Thron und Altar erweiterten sich zur Dreiheit von Thron, Nation und Altar; das Pathos des Gehorsams gegenüber König und Staat galt jetzt auch für die Nation, die Sanktionierung des Staates wandelte sich in eine Verherrlichung der Nation. Oder: weil der Nationalismus jetzt etabliert und rechts geworden war, konnte und mußte ihn auch die konservative Amtskirche übernehmen. Und die Kirche konnte, mehr als andere, dem neuen Reich ja ein Stück Sinn vermitteln. Der Staatsprotestantismus wurde Reichsprotestantismus. Reich und Reich Gottes rückten mehr zusammen. Die Ereignisse von 1870/71 waren als gemeinsame Erfahrung auch in die Kirche eingegangen. Der Sedantag – das war das protestantische Reichs-Gebet für den Sieg und Bestand des nationalen Staates.

Indem die Kirche loyal zum neuen nationalen Reich stand, transformierte sich auch ihre anti-revolutionäre Tendenz, sie war jetzt gegen die „Reichsfeinde", je länger je mehr. Wichtig für diese Variante der Nationalisierung war zuerst die ‚Religion des Kulturkampfes', der randkirchliche Vulgärprotestantismus der National-Liberalen, antikatholisch, gegen ‚Priesterherrschaft' und für eine gemeinsame deutsche Kirche der Zukunft, ohne ‚Dogmenzwang und Formelkram' (1873). Gerade der Kampf gegen den römischen Internationalismus war es, der den Protestantismus zusätzlich nationalisierte; die Mittelparteiler prägten den Ausdruck von den ‚deutsch-protestantischen Interessen' und schufen die ‚Deutsch-Evangelischen Blätter'.

Eine ähnliche Rolle spielte der Kampf gegen die Sozialdemokratie. Der christliche Kampf gegen die atheistische Richtung war, da sie auch „anti-national" war, sofort national eingefärbt; die Ungläubigen und die Vaterlandslosen waren identisch und entsprechend der Kampf für Glauben und das nationale Reich.

Zwei unterschiedliche Organisationen sind für diesen kirchlichen Nationalismus charakteristisch. Da waren, seit 1879/81, die Vereine Deutscher Studenten, Träger eines neuen, jungkonservativen protestantischen Nationalismus, antiliberal, antisemitisch, christlich-sozial. Bismarck, Treitschke und Stoecker waren die Vorbilder – und weil gerade Theologiestudenten vor allem zu den Mitgliedern zählten, wurden diese Vereine ein Vehikel zur Nationalisierung der Pfarrerschaft. Da war sodann, wir haben davon gesprochen, seit Ende der 80er Jahre, der Evangelische Bund, der den Anti-Ultramontanismus der Kulturkampfzeit weitertrug und die Verbindung von Protestantismus und Deutschtum in einem sich steigernden Nationalismus pflegte und intensivierte.

Dieser neue kirchliche Durchschnittsnationalismus entsprach etwa dem liberal-konservativen Kompromiß von 1871. Er saugte den älteren, z.B. altpreußischen Partikularismus auf. Nur in Hannover behauptete sich so etwas wie ein kirchlicher Partikularismus; selbst die bayerischen Protestanten konnten sich auf die Dauer besser am Reich als am katholischen Bayern orientieren. Internationalistische Bindungen der deutschen Protestanten waren nie sehr stark gewesen. Der kirchliche Nationalismus verband obrigkeitliche und bürgerliche Elemente. Er war lange und eher an der Staatsnation als am Staatsgrenzen übergreifenden „Volk" orientiert; die Alldeutschen waren betont nichtchristlich, und der völkisch-nationale Exprotestant Lagarde war nicht typisch. Die Überspannungen zum Völkischen und Germanischen waren Randphänomene. Erst Reinhold Seeberg hat vor 1914 eine „Volkstheologie“ mit germanischen und biologistischen Tendenzen entwickelt.

Dagegen war der Kirchennationalismus für den Imperialismus und die deutsche Sendung in der Welt schon seit den 80er Jahren durchaus aufgeschlossen. Dazu trug auch die Mission bei, die sich in den deutschen Kolonien wie von selbst mit der Kolonialpolitik verband und das dann auch in ihrer Werbung ins Mutterland übertrug. Die Mission war europazentrisch und im Konfliktfall auf seiten des weißen Mannes – insofern gehört sie in den Imperialismus hinein, aber sie war natürlich auch internationalistisch. Viele Deutsche waren in englischen, Engländer auch in deutschen Kolonien tätig. Der Versuch des Missionsinspektors Friedrich Fabri Anfang der 80er Jahre, deutsche Mission und Kolonialinteresse miteinander zu verbinden, wurde von den Missionen abgelehnt. Aber sie profitierten natürlich von der Nähe zu der eigenen Regierung, und die begünstigte sie gegenüber ausländischen Missionen; sie segelten im selben öffentlichen Wind wie die nationale Kolonialbegeisterung. Dann freilich gab es doch Konflikte: Die Interessenten wollten die Mission für ihre Erziehung zur Arbeit nutzen und manchmal zur Germanisierung; aber mehr noch lehnten sie die Entwurzelung der einheimischen Kulturen und die Verbreitung von Bildung, wie sie aus dem Wirken der Mission folgte, ab. Und die Mission trat auch als Anwalt der Eingeborenen gegen Ausbeutung auf, kritisierte die „Schäden“ des Kolonialismus, unterschied zwischen Kultur und Glauben. Daraus ergab sich eine gewisse Ambivalenz. Aber für das Binnenklima in Deutschland flossen doch imperial-nationale Kolonialpolitik und Mission stark ineinander, jenseits der konkreten Bezüge. Aus dem Bereich des liberalen Kulturprotestantismus gibt es dann protestantisch-ethische kulturelle Rechtfertigungen des Imperialismus. Der viel beachtete Publizist Paul Rohrbach ist dafür sehr charakteristisch.

Dieser Nationalismus setzt sich gerade über die vielen Selbstverständlichkeiten der Zeit durch: Über die Mitwirkung an den nationalen und dynastischen Festen, dem Sedantag oder Kaisers Geburtstag, die Einweihung von Kriegerdenkmälern und Erinnerungsfeiern dringt er gerade auch in den Alltag vor; die Kirche trägt den werk- und festtäglichen Nationalsinn mit.

Dieser Nationalismus war gemeinhin nicht rauschhaft extrem, aber er entbehrte im allgemeinen auch der Nüchternheit und des politischen Realitätssinns, er war eher konventionell, hurrapatriotisch, stark von christlich-nationalen Phrasen bestimmt – etwa bei den patriotischen Predigten bei Gelegenheit jener nationalen Festtage. Hier trat das Christentum sozusagen in den Schatten der Nation; „ein Volk, ein Reich, ein Gott", solche Schlagworte kamen (1896) auf. Es war, können wir auch sagen, ein vor allem emotionaler Akklamationsnationalismus, der mit der Zeit auch die einfache Machtpolitik religiös verklärte. An den Rändern, bei Altkonservativen und mehr noch bei entschiedenen Liberalen wie Friedrich Naumann oder Martin Rade oder einem vermittelnden Theologen wie Julius Kaftan, gab es viel mehr Nüchternheit, viel mehr Distanz gegen die Vermischung von Glaube und Nation, Kritik am Hypernationalismus und an der nationalen Arroganz, aber auch diese Kreise standen noch in einem weiter gefaßten national-protestantischen Konsens. Gewiß ist es gerade der Pastorennationalismus gewesen, der die Kirche auch so ins Establishment band und der sie besonders scharf von der sozialdemokratischen Arbeiterschaft trennte.

Höhepunkt und Vollendung dieses Nationalismus zeigen sich im Ersten Weltkrieg. Der Krieg beginnt in Berlin mit einem Feldgottesdienst und vor der Reichstagssitzung vom 4. August mit einer Predigt des Hofpredigers Ernst Dryander über „Ist Gott für uns, wer mag wider uns sein". Der Kriegsausbruch ist Gottes Stunde, die Kirche steht auf der Seite des kämpfenden Volkes. Harnack hat den Kriegsaufruf des Kaisers mitentworfen. Rudolf Alexander Schröder dichtet: ‚Heilig Vaterland in Gefahren', und: ‚Der die Sterne lenkt, wird uns hören'; und eine der Symbolfiguren der Kriegs- und Nachkriegsgeneration wird der Kriegsfreiwillige, der liberale, jugendbewegte Theologiestudent

Ernst Wurche – Walter Flexs „Wanderer zwischen beiden Welten“. Viele Theologieprofessoren verteidigen mit Reinhold Seeberg die Einheit von deutscher Wissenschaft und preußischem Militarismus gegen feindliche Propagandaangriffe. Das alles ist nicht verwunderlich: In einer existentiellen Krise war die Zuständigkeit der Kirche für „Sinn“ noch so gut wie selbstverständlich. Die Kirchenaustritte sind damals schlagartig zurückgegangen, der Kirchenbesuch ist erheblich angestiegen. Freilich, die Kirche tritt mit vollem Einsatz in die Legitimation des Krieges ein. Der Krieg wird – zumal die deutschen Kirchen keine christliche Friedenstradition kennen – nicht nur hingenommen, sondern durchaus bejaht, als Erneuerung, Aufbruch, moralisch-sittliche Macht. Der Bußton von 1870 fehlt fast ganz. Der Krieg ist zwar profan (Seeberg), aber er weckt die sittliche Kraft des Volkes, Opferbereitschaft über allen Egoismus (die Tatsache des kollektiven Egoismus wird nicht bedacht), die Nächsten – das ist das Vaterland. Das Bewußtsein der gerechten Sache, die man verteidigt, aber auch der nationale Enthusiasmus und seine Hegemonieansprüche werden kirchlich gesegnet und überhöht. Superpatriotismus und Siegesfanfaren, Haß- und Rachegesänge, fast unbefangene Gleichsetzung von nationalen Zielen mit dem „Reich Gottes“, das erfüllt die Annalen – das war schlimm. „Ein feste Burg“ wird eine Art nationale Marseillaise: ‚das Reich muß uns doch bleiben‘. Patriotische Pflicht und christliche Tugend, Bethlehem und Potsdam, das geht schnell ineinander über. Gott wird nicht selten zu „unserem großen Alliierten“ droben. Die „Ideen von 1914“, die Rechtfertigung der deutschen Kultur-, Gesellschafts- und Staatsvorstellungen, werden auch theologisch unterbaut und gestützt, gerade die Professoren – vom konservativen Seeberg bis zum liberalen Troeltsch – sind darin groß. Die Ideenwelt der Gegner, Naturrecht und Demokratie z.B., werden auch theologisch diskreditiert, Nation und Volk werden zu Schöpfungsordnungen erhoben, Gemeinschaft gegen Gesellschaft theologisch gerechtfertigt, das gerinnt zu einer National- und Kriegstheologie. Die Nationalisierung Luthers im Jubiläumsjahr 1917 ist ein Höhepunkt, Wittenberg und Friedrichsruh werden in eine Linie gestellt.

Indem man all dies (und mehr noch) konstatiert, muß man doch bedenken: Auch die Kräfte, die dem deutschen Nationalstaat viel reservierter gegenüberstanden, Katholiken, Sozialdemokraten und linksliberale Intelligenz, sind 1914 solchem nationalen Enthusiasmus gefolgt. Und alle Kirchen in der kriegführenden Welt haben sich ähnlich verhalten und die eigene Sache religiös verklärt. Der Nationalismus des Zeitalters war eine schier alldurchdringende Macht.

Interessanter ist darum eher die Lage in den letzten Kriegsjahren, als es im Rahmen des selbstverständlichen Nationalinteresses Alternativen gab. Jetzt scheiden sich Mehrheit und Minderheit. Die Mehrheit der Pastoren nimmt nicht nur 1917 an der von der Heeresleitung gewünschten vaterländischen Aufklärungsarbeit teil, sondern sammelt sich um die rechtsnationalistische Vaterlandspartei, vom „positiven" Reinhold Seeberg bis zum liberalen Geschäftsführer des Protestantenvereins Traub, singt ihre Melodie vom alldeutsch-expansiven Siegfrieden, feiert Brest-Litowsk und kritisiert die Reichstagsmehrheit der Friedensresolution (und gar die päpstliche Friedensnote). Auch in der Frage der Reform der Reichsverfassung und des preußischen Wahlrechts steht diese Mehrheit rechts. Troeltsch, Harnack, Rade – dessen ‚Christliche Welt' schon 1914 leichte Reserven gegen die Exzesse des Nationalismus geäußert hatte –, Naumann und viele liberale Leute des Evangelisch-Sozialen Kongresses, im ganzen eine liberale Minderheit, gehören jetzt zu den Moderaten, zum ‚Volksbund für Frieden und Freiheit'. Eine Schätzung für die Zeit nach 1918, nach der 80% der Pastoren konservativ-national seien, wird auch für die Kriegszeit in etwa zutreffen.

Die Protestanten und die Verfassung

Wie war das Verhältnis zum politischen System und zur Verfassung? Wir können die weit zurückreichenden Wurzeln des protestantischen Verhältnisses zur Politik in Deutschland hier nicht näher erörtern. Im vor allem lutherischen Deutschland hatten sich nicht das theozentrische Denken von der Majestät

Gottes und die eigentümlich damit verbundene stoisch-naturrechtliche Tradition entfaltet, das calvinistische Pathos der Freiheit, aus dem Widerstandsrecht, Bürgerrechte, Demokratie wuchsen. Vielmehr: Eine anthropologische Theologie, der Pessimismus gegen Fortschritt und Vollendung gar, die Trennung des geistlichen und weltlichen ‚Reiches', die Orientierung an der Wirklichkeit, nicht an Ideal und Norm, das Ethos des Gehorsams und der Autorität, das waren die metapolitischen Implikationen der lutherischen Tradition in Deutschland. Sünde war politisch nicht zuerst Mißbrauch der Macht, sondern ‚schwärmerischer' Vollendungswahn in Auflehnung gegen die Macht; Autonomie und Emanzipation gerieten in die Nähe von Selbsterlösung und Selbstrechtfertigung, und so die Demokratie – mit ihren säkular-revolutionären Begründungen. Die Spiritualität des Einzelnen, die Freiheit seines Gewissens, die Unsichtbarkeit der Kirche und die Autonomie der Weltbereiche, die eigentümliche Verbindung von spiritueller Freiheit und autoritärer Ordnung, – das mündete in eine Theologie nicht primär der Freiheit, sondern primär der Ordnung, in die altprotestantische Zuordnung der Christen und der Kirche in die Welt von Herrschaft und patriarchalischer Gesellschaft.

Im 19. Jahrhundert freilich ist der deutsche Protestantismus, und das gilt auch für seine politischen Theologien, vielfältiger und moderner geworden. Nach der Jahrhundertmitte steht neben der konservativen orthodoxen Theologie des ‚christlichen Staates' (Friedrich Julius Stahl), des Bundes von Thron und Altar, die idealistisch-liberale und die moderat konservative Theologie der Verfassung oder die praktische Parteinahme für die konstitutionelle Bewegung oder aber auch die durchaus typische Position Bismarcks: gegen den christlichen Staat, christliche Politik und protestantischen Klerikalismus, für den in seinem Gewissen gebundenen christlichen Politiker im säkularen Staat. In der Konfliktzeit lehnte es auch die preußische Kirchenleitung ab, das Fürbittegebet für den oppositionellen Landtag zu streichen (und damit die Gegensätze zu verbittern). Johann von Hofmann, orthodoxer Neulutheraner und fortschrittlicher Abgeordneter in München zugleich, argumentierte antikonservativ, eine christliche Staatsform gebe es nicht, Staatsformen seien relativ zu Geschichte und Volk.

Zwischen 1866 und 1871 ist es mit der politischen Theologie der Altkonservativen, mit dem Widerstand gegen Verfassungsstaat und Parlament zu Ende, auch die Kirchen übernehmen den monarchisch-bürgerlichen Verfassungskompromiß. Zum protestantischen Realismus gehörte die Anerkennung der Gegebenheit, auch wenn sie neu war: Das Bestehende fiel unter die Sanktion von Ordnung und legaler Obrigkeit. Gewiß, der moderate Liberalismus hatte seine Position theologisch zur Anerkennung gebracht. Aber, der neue Konsens war doch auf erreichte und bestehende Ordnung gerichtet: Das dynamisch emanzipatorische Element, volkstümliche Freiheit und steigende Anteilnahme der Nation am Staatsleben, das war nicht Teil des Kirchenkonsenses. Es hat im Kulturkampf noch fortdauernd die Opposition der konservativen Kirchenkreise gegen Bismarck und die ‚Religion des Nationalliberalismus' gegeben, gegen das Ende christlicher Institutionen: die Weltlichkeit der Volksschule und der Ehe. Aber mit dem Ende des Kulturkampfes schwächt sich solcher ‚altkonservativer' Gegensatz zum konservativ-nationalliberalen Etatismus doch merklich ab.

Metapolitisch zeigt sich auf andere Weise die Doppelheit von Konsens und Dissens der politischen Theologie. Religion und Politik, Kirche und Staat, sie waren voneinander getrennt. Die Welt hatte ihr Eigenrecht. Christliche Politik oder christliches Naturrecht, das gehörte zu keiner evangelischen lutherischen Theologie; es sollte keinen Klerikalismus geben – darüber gab es Einigkeit. Aber neben der Trennung stand der enge Bezug von Staat und Kirche: Der Staat war Ordnung des „sittlichen" Miteinanderlebens, und insofern selbstverständlich auf Religion bezogen, ja auf das Ethos ziviler Religion angewiesen, die Kirche auf ihn. In den Grundwerten waren Staat und Kirche verbunden. Das ist die fundamentale Wahrheit, die die ideologische Rede von Thron und Altar mehr verschleiert als entschlüsselt. Religion war ‚innerlich', modern gesprochen ‚privat', aber sie war auch öffentlich. Nur über die Abgrenzung war zu streiten. Die konservative und neulutherische Theologie mochte daraus gar Heiligung und Verchristlichung des Staates folgern; der Anspruch der Herrschaft Christi über die Welt blieb auch im Luthertum der Zwei-Reiche-Lehre virulent. Blieb man streng im Rahmen der Zwei-Reiche-Lehre, dann sahen die Konservativen den Staat als Garanten der dem Menschen nötigen Ordnung, als Barriere gegen die Sünde oder als christlich geheiligte Macht von gewaltigem Eigengewicht. Und die idealistischen Liberalen sahen den Staat als sittliche Macht, als Erziehungs- und Tatmacht, als Teil in der Arbeit an einem kommenden Reich Gottes, mit Georg Wilhelm Friedrich Hegel als Agenten der – durchaus christlichen – Freiheit, auch wenn sie der sichtbaren Kirche dabei keine besondere Funktion zubilligten. Die Liberalen akzentuierten eine ‚Persönlichkeitstheologie'; aber die war nicht mit Bürgerrecht und Demokratie gekoppelt, sondern gut idealistisch auf den starken Staat bezogen. Und die Liberalen haben die sittlich-religiösen Wirklichkeiten, deren Profanität sie so betonten, den Staat, die Nation, die Kultur, doch auch geheiligt, sakralisiert. Insoweit gilt auch hier: Wer die Reiche getrennt hatte, band sie doch – über Obrigkeit oder Heiligkeit der Weltzwecke – auch wieder zusammen. Das war ein Stück universalgeschichtlich deutscher Dialektik. Also – auch für den, der diese Komplexe so vereinfacht nicht mehr verstehen kann –: Über der lutherischen Trennung von Kirche und Politik baute sich ein schwieriges Gemenge von unterschiedlichen Verhältnisbestimmungen auf, das ganz unterschiedliche – aktivistische oder quietistische – Folgen hatte. Eines der Zentralmotive des Luthertums, der anthropologische Pessimismus (oder die ‚realistische' Überzeugung von der Endlichkeit und Sündhaftigkeit der Menschen), verwies aufs Konservative, aufs Mißtrauen gegen Massen, Mehrheiten, Mitbestimmung; ein anderes aber – der Personalismus – begründete gerade, wie bei manchen Evangelisch-Sozialen nach 1900, eine Theologie demokratischer Mitbestimmung.

Insgesamt war die implizite politische Ethik der Protestanten zunächst und vor allem systemkonform, entsprach dem liberalkonservativen Kompromiß, und zwar verfassungspolitisch eher mit der Tendenz, den Status quo zu legitimieren. Martin Kähler nennt 1872 Gehorsam und Pflichttreue, Intelligenz, Sachlichkeit und Toleranz als die Elemente bürgerlich-politischer Sittlichkeit, die Gegenstand der religiösen, der protestantischen Erziehung sind. Und das ‚altmodische' preußische Ethos der Staatlichkeit, Pflicht und Dienst, Mehr-Sein-als-Scheinen, und allgemeiner: Opfer und Hingabe an das Ganze, das war auch sehr protestantisch. Das war – gegen unser Erstaunen – auch durchaus das liberale Ethos der Zeit. Dennoch, solche Töne weisen auf Ordnung und Stabilität, nicht auf Veränderung, nicht auf ‚Freiheit', weisen auf Staat und Autorität, nicht auf Bürgerrechte. Auch der große liberale Vermittlungstheologe der Reichsgründungszeit Ritschl denkt ähnlich. Berufsarbeit und Vorsehungsglaube, darum ging es in der praktischen Religion des Alltags, aber nicht um Mitverantwortung des Einzelnen für das Ganze. 1887 meinte er gar, Zentrum, Linksliberale und Sozialdemokraten seien am Naturrecht, an Vertragstheorien und Fortschrittsansprüchen orientiert, das sei unprotestantisch, mittelalterlich, Luther habe doch ihre Ahnen Thomas, Erasmus und die Täufer überwunden: Das ist eine theologische Verurteilung der „Reichsfeinde" der Zeit.

Anders gesagt, das liberalkonservative Verständnis von Staat und Politik war eher statisch, am monarchischen Beamtenstaat orientiert, nicht dynamisch, nicht an Parlament und Parteien oder gar deren Bedeutungsmehrung. Das allgemeine Wahlrecht oder der Reichstag wurden keineswegs bekämpft, aber in der Trivialtheologie der Politik, wie sie die Pastoren vortrugen, hatte es eigentlich keinen Ort. Das persönliche Nahverhältnis der Kirche zum Monarchen blieb. Er war noch vielfach am Kirchenbau beteiligt; Kaisergeburtstag und Hofzeremonien waren kirchlich-monarchische Feiern. Die Person des überparteilichen Herrschers, nicht wechselnde Mehrheiten – das machte für das symbolische Handeln der Kirche den Staat aus, ja der Monarch war der selbstverständliche Anwalt evangelischer Interessen. Stoecker, ein konservativer Volksmann im Zeichen des Reichstagswahlrechts, war gewiß – für alle Kirchlichen – ein Wundermann, aber nicht der Typ, der dieser politischen Durchschnittstheologie entsprach. Das traditionelle Modell der Predigt –

frommer Herrscher, treuer Diener, gehorsame Untertanen – das hielt sich natürlich noch durch; die Kirche stand an der Seite des monarchischen Staates, gegen den Atheismus und gegen die ‚Linke' – das war das konservative Element dieser Ordnungstheologie. Der Stachel eines weitertreibenden Liberalismus, auch wenn er durchaus zugelassen war, war bei solcher Akzentuierung entschärft, der Liberalismus zur Ruhe gestellt und eingehegt. Nur die Forderung der „Geistesfreiheit" bis zu Schul-, Hochschul- und Presserechtspolitik behielt ihre Virulenz. Politisch war die Kirche im ganzen eine Kirche des Einverständnisses mit dem Verfassungstyp der konstitutionellen, der nichtparlamentarischen Monarchie, in diesem Sinne war sie bürgerlich – sie war nicht eine Kirche prophetischen Protestes, nicht des Dissens, nicht auch der loyalen Opposition. Eine der modernen Konsequenzen der Zwei-Reiche-Theologie und der Vorbehalte gegen jede – rechte wie linke – Verkirchlichung der Welt, die Legitimation des modernen Pluralismus, kam darum noch nicht in den Blick.

Es gibt konservativere und liberalere Randpositionen oder christlich-soziale, die politisch quer zum Rechts/Linksschema liegen. 1884 fragt ein Generalsuperintendent noch, ob göttliche Autorität oder menschliche Autonomie herrsche, ob Preußen auf den alten Grundlagen von Katechismus, Szepter und Bajonett oder auf dem Flugsand moderner Theorien beruhen solle, aber das ist jetzt altmodisch. Auf der anderen Seite reicht der Liberalismus auch ins Establishment. Karl Schrader, freisinniger Reichstagsabgeordneter und einer der Führer des Protestantenvereins, gehört mit seiner Frau Henriette zum engsten Freundes- und Beraterkreis des Kronprinzen und 99-Tage-Kaisers Friedrich und seiner Frau – hier deutet sich auch kirchenpolitisch eine „übersprungene Generation" an. Vor 1914 entsteht dann theologie-politisch eine neue „Rechte". Reinhold Seeberg hat, wir haben davon erzählt, auf lebensphilosophischer Grundlage die deutsche Staatsform als organisch-natürliche Gemeinschaftskultur gegen die Verstandeskultur der Moderne theologisch begründet; die konkrete politische Ordnung – Volk und Gemeinschaft – kommt in den Rang einer „Schöpfungsordnung“ (und so auch der Tatbestand von Politik als Kampf). Harnack dagegen, Antifundamentalist und gewiß kein „politischer“ Theologe, war doch entschieden – lutherisch – gegen jede politische Verquickung von Kirche und Welt, gegen jede politische Profanierung der Religion und alle Bevormundung der mündigen Bürger durch die Kirche: Das war metapolitisch Grundlage liberaler Politik.

Die Protestanten und die Soziale Frage

Das dritte große politische Thema des Zeitalters für die Protestanten war die Soziale Frage. Die Kirchenleute und Theologen waren zunächst einmal ohne sonderliche Einsicht in die komplizierte Struktur des Sozialen, darum blieb vieles, was sie sagten, irreal. Und sie neigten skeptisch gegen irdische Gerechtigkeit, zum sozialen Quietismus. Die Hinnahme des sozialen Geschicks, das war ein Topos der Predigt; das Faktum Klassenkampf wurde mit der Kategorie Neid moralisiert. Der moralische Appell gegen Materialismus und ein Übermaß von Sorge, für Askese, für Glaube und Hoffnung aufs Jenseits als wahre Hilfe in der Not – das war der Normalton.

Enger mit der Sozialen Frage befaßt war zunächst die „Innere Mission“, hier ging es um soziale Not, um Randgruppen, um Behinderte, um Sozialarbeit und soziale Hilfe. Die ursprünglich individuelle Caritas war organisiert und professionalisiert, und man konnte nicht umhin, viele individuelle Not als gesellschaftliche Not zu begreifen. Die Deutung der Sozialen Frage ging in der Tradition zuerst eigentlich auf Verlust an Religion und Verlust an patriarchalisch bindender moralischer Ordnung. Liebe und fromme Gesinnung waren primär Heilmittel, es kam auf die Herzen, nicht auf die Arbeitsbedingungen an. Das war altmodisch, aber immerhin: Die Frage verschob sich langsam vom Individuell-Moralischen zum Politisch-Sozialen, wenn auch die Kirche jedem politischen Lösungskonzept in der lutherischen Tradition der zwei Reiche ganz reserviert gegenüberstand. Wichern z.B. spricht 1871 durchaus konkret von sozialen Übeln, aber die institutionellen Lösungen werden zu schnell unter die personalistische Entscheidung gegen die Sünde und für das Reich Gottes gebracht. Kurz, die Sozialarbeit (vielleicht auch weil die Behinderten so im Zentrum standen) blieb individualistisch, Reformansätze blieben Stückwerk.

In Einzelfragen wie der Sonntagsarbeit – das war für die Kirche die Symbolfrage, in der die ganze neue Ordnung zuerst real erfahren wurde –, dem Alkoholkonsum und der Krankenversicherung fing man in den 70er Jahren an, Petitionen an die staatlichen Instanzen zu richten. In einer großen Denkschrift von 1884 über die Aufgaben der Inneren Mission wird primär wieder die christlich-protestantische Durchdringung der Gesellschaft gegenüber den Mächten des Materialismus betont; aber dann wird zur Wirtschaftsordnung gefordert, daß sie vor wirtschaftlicher Not bewahren und die Erhaltung und Pflege der ‚sittlichen Lebensordnungen' ermöglichen müsse. Innere Mission und ähnliche Aktivitäten werden seit Ende der 70er Jahre in den Großstädten zusammengefaßt, Sozialarbeit und Soziale Frage sind hier täglich aktuell.

Dann gab es, im Ansatz schon seit der Jahrhundertmitte, den evangelischen Sozialkonservativismus, der auf das soziale Königtum, auf staatliche Sozialreform setzte, auf Zähmung des Marktes, auf Versicherung, Arbeiterschutz und manchmal gar auf Selbstorganisation. Hermann Wagener, Kreuzzeitungsredakteur, Organisator der Konservativen und einer der engen Berater Bismarcks, gehört hierher und ebenso ein Teil der Katheder- und ‚Staats'-Sozialisten der 70er Jahre. Am weitesten ging Theodor Lohmann, ein hoher Beamter und Mitarbeiter Bismarcks bei den Sozialversicherungsgesetzen: Er trat nicht nur – gegen Bismarck – für den Arbeiterschutz ein, sondern sah – 1884 in einer Denkschrift für die Innere Mission – das Ziel aller Sozialpolitik in der Achtung von Rechtsgleichheit und Menschenwürde, in der Erziehung zu Verantwortung und genossenschaftlicher Solidarität, kurz in einer fast ‚emanzipatorischen' Gleichberechtigung der Arbeiter. Dafür einzutreten sei Sache der Kirche; das durchzusetzen Aufgabe des Staates.

Aus und neben diesen Ansätzen entwickelte sich eine „christlich-soziale" Bewegung. Der militante Atheismus der Sozialdemokratie provozierte in der Kirche natürlich mehr bittere Feindschaft als intensives Studium der Sozialen Frage. In den späten 70er Jahren entstand dann aber unter Pfarrern und aktiven Protestanten eine Debatte nicht nur über soziale Fragen, sondern auch über Sozialismus; der Pfarrer Rudolf Todt in Berlin war einer der führenden Geister. Man gründete einen ‚Zentralverein für Sozialreform auf religiöser und konstitutioneller Grundlage'.

Aber Epoche macht hier eigentlich erst Adolf Stoecker, darum verdient er ein Stück unserer Aufmerksamkeit. Er hat das soziale Thema unverlierbar auf die Tagesordnung der Kirche gesetzt. Stoecker, Sohn kleiner Leute, war über die Militärseelsorge zum Hofprediger in Berlin aufgestiegen und gleichzeitig in der Inneren Mission in Berlin aktiv. Er war, von Theologie und Stil her, pietistisch orthodox, ein Volksmissionar. Nicht um den Einzelnen, sondern um das Volk, die Massen, die Gesellschaft im ganzen müßte es der Kirche gehen, das Evangelium wolle nicht nur Seelen heiligen, sondern die Welt erneuern, die Kirche müsse Volkskirche sein und wieder werden. Dazu müsse sie sich den Herausforderungen der Zeit stellen – der Tatsache, daß in Berlin 1875 nach Einführung der Zivilehe zuerst nur noch ein Viertel der Paare kirchlich heirateten, nur zwei Drittel der Kinder getauft wurden, der Tatsache, daß die Sozialdemokratie, Speerspitze und Propagandistin des Atheismus, auf dem Vormarsch war, und – natürlich der Sozialen Frage. Das sei die Realität des städtischen Volkes. Die Kirche solle sich aus ihrer agrarisch-bürgerlichen Tradition, ihrer beruhigten Etabliertheit lösen – das Evangelium gehöre in die politisch-soziale Diskussion, in die Volksversammlung, sei Basis der sozialen Reform. Die Kirche sei das Gewissen der Nation, es gehöre zu ihren Aufgaben, den Staat auf seine soziale Verantwortung zu verpflichten. Solche Reform soll die etablierte Ordnung erhalten und doch verändern, den ‚Enterbten' Platz und Brot und Rechte geben. Das war noch paternalistisch gedacht, ohne viel Sinn für den Emanzipationswillen der Arbeiterschaft: Die Oberklassen sollten – wie Offiziere – im Kampf um die Lösung der Probleme vorangehen. Aber es ging nicht mehr um moralischen Appell an Gesinnungen, sondern um Politik, Bändigung des Kapitalismus, Absicherung gegen die Lebensrisiken, Recht zur korporativen Organisation. Allgemein politisch ist diese Zielsetzung konservativ. Die nationale Monarchie ist Stoecker ganz und gar Selbstverständlichkeit. Es geht darum, die Arbeiter in diese Monarchie wieder zu integrieren. Der eigentliche Gegner ist der Liberalismus, die bourgeois-kapitalistische Macht der Auflösung, der hemmungslosen Kommerzialisierung und Diesseitigkeit. Der Liberalismus ist die Ursache der Not, der Sozialismus, so scharf er ihn bekämpft, nur Ausdruck dieser Not, nicht der primäre Gegner. Das unterschied ihn vom konventionellen Antisozialismus, auf solche diffizilen Unterschiede kam es in dieser Frühzeit der Auseinandersetzung an.

Das Neue wurde nun, daß der konservative Pfarrer in die Öffentlichkeit der Versammlungen ging, ein Volkstribun von rhetorischen und auch demagogischen Fähigkeiten, daß er sich auf die neue Form der Politik, Parteibildung, Wahlkämpfe, Mobilisierung von Massen einstellte, sich nicht mehr, wie sonst Konservative und Kirchenleute, auf die Autorität von Tradition und Establishment verließ. Es geht Stoecker um die Initiative, ja die Offensive zur (Rück-)Gewinnung der Arbeiter. Er gründete – zum ersten Mal in Deutschland – 1878 eine evangelische Partei, die Christlich-Soziale Arbeiterpartei, und er entfesselte – in Berlin – eine große Kampagne, die ihn schnell zu einer bekannten Figur der Öffentlichkeit werden ließ. Er ist mit dieser Partei bei den Arbeitern ganz und gar gescheitert. Das lag nicht nur am sozialdemokratischen Klima in Berlin; die Verbindung von konservativer Parteistellung, pietistischer Volksfrömmigkeit und sozialem Engagement hatte unter der großstädtischen Arbeiterschaft keine dauerhafte Chance mehr. Seine Gegnerschaft gegen den Liberalismus, der Werte relativierte und Strukturen auflöste, sein Scheitern bei der Arbeiterschaft und sein (opportunistischer) Sinn für Massenresonanz, sein politischer Ehrgeiz und Machtsinn bewirkten, daß sich Programm und Adressaten verschoben. Stoecker und seine Partei werden – 1879 – antisemitisch, sie richten sich nun an den kleinen Mittelstand, kämpfen gegen Kapitalismus und Judentum – das wegen seiner Nähe zu Kapitalismus und radikaler Intelligenz mit beidem identifiziert wird – und immunisieren die Anhänger zugleich gegen den Sozialismus. Das war die Realität seiner neuen ‚Christlich-Sozialen Partei'. Über westdeutsch-pietistische Wahlkreise kam er als Abgeordneter, doch eben der Konservativen, in den Land- und den Reichstag. Aber gleichzeitig, in Wechselwirkung und auch Widerspruch, blieb Stoecker Repräsentant und Führer einer auf Arbeiterschaft und Soziale Frage gerichteten kirchlich-sozialen Bewegung. Er blieb Zeit seines Lebens eine der irritierenden Figuren der Politik. Weit mehr als sein Wirken als Parteigründer hat sein christlich-soziales Programm die Kirche und die Jugend über fast zwei Jahrzehnte hin bewegt. Seine Fragen waren nicht mehr zu verdrängen.

Auf die Dauer geriet Stoecker dabei zwischen die Pole des Establishments. Bismarck hat ihn zuerst in seinem Kampf gegen die Liberalen gestützt und – deshalb – auch seinen Antisemitismus gedeckt. Als zuviel antisemitische und antikapitalistische Demagogie und ‚Kanzelsozialismus' und die ihm tief fremde Tendenz zu einem evangelischen Klerikalismus Bismarcks Mißtrauen und Gegnerschaft steigerten, deckte ihn noch der alte Kaiser. Als er 1887 eine Fronde der konservativen Ultras gegen Bismarcks Kompromisse mit den Nationalliberalen, ja gegen seine Kanzlerschaft anführte, steigerte sich der Gegensatz zur Regierung; unter Wilhelm II., der anfangs von ihm beeindruckt gewesen war, verlor er schließlich sein Hofpredigeramt. Der royalistische Frondeur und Volkstribun scheiterte auch im höfisch-gouvernementalen Establishment. Der tiefere Grund: Eine evangelische Partei mußte scheitern, weil der evangelische Volksteil zwischen Konservativen und Liberalen keine Einheit war, weil es für die Frommen keine konfessionelle Bedrängungssituation – wie für die Katholiken oder die holländischen und schweizerischen Protestanten – gab, schließlich weil die lutherisch-deutsche Tradition solcher Verflechtung mit der Politik widersprach. Und auch in der Amtskirche mußte Stoecker letzten Endes scheitern: Die Bindung an die hierarchisch-ständische Gesellschaft und die Tradition der Trennung von Politik und Kirche, die Abneigung, sich mit einem strittigen politischen Programm zu identifizieren, waren zu stark. Die Kirche sollte und wollte vermitteln und versöhnen, über den Parteien. Der preußische Oberkirchenrat distanzierte sich seit 1879 wiederholt von Stoecker, er war zu parteilich und einseitig, zu politisch und auch zu sozialkritisch. Die Amtskirche nahm zwar die Diskussion der neuen sozialen Herausforderung auf, aber sie stand im Zeichen des Sozialistengesetzes entschieden in der antisozialistischen Front. Das hatte Priorität, das ließ für andere gesellschaftliche Ordnungsvorstellungen keinen Raum.

1890 lief das Sozialistengesetz aus, der neue Kaiser setzte – vorerst – Sozialreform an die Spitze der Tagesordnung, der Kampf ‚um die Seele der Arbeiter' trat, auch mit der Gründung des katholischen Volksvereins, in ein neues Stadium. Die Bibel stand darum jetzt nicht mehr nur mit der Ordnung, sondern mit der Frage nach dem Brot in Zusammenhang. Der Berliner Oberkirchenrat forderte seine Pfarrer auf (17. April 1890), sich intensiver mit sozialen Fragen zu befassen, in Arbeiterversammlungen zu diskutieren, Arbeitervereine zu gründen, und ähnlich verfuhren andere Kirchenleitungen, die sächsische verzichtete gar auf den preußischen scharf antisozialistischen Ton. Es gab eine sozialreformerische Aufbruchstimmung in der Kirche, man kann von einer Art ‚Pastorensozialismus' sprechen. Die Kirche sollte und durfte nicht ein Organ des Klassenstaates und der Polizei sein, das war die Stimmung. Auch wenn man selbst sozial-ethisch am Eigentum festhalte, seien die Ziele der Sozialdemokratie nicht unchristlich. Im Mai 1890 fand auf Initiative Stoeckers in Berlin ein Evangelisch-Sozialer Kongreß statt – mit etwa 800 Teilnehmern, aus allen kirchlich-theologischen Lagern, von Stoecker bis Harnack. Man kann in dieser Bewegung drei Gruppen unterscheiden: Stoecker und die ‚älteren' Christlich-Sozialen, die auf eine neue volkskirchlich-orthodoxe, nicht-gouvernementale, aber konservative, scharf antisozialistische Reformbewegung zielten; Harnack und die Sozial-Liberalen, die eine sachliche Diskussion der anstehenden Fragen für das Entscheidende hielten, die Ethik des modernen Protestantismus angesichts der modernen Verhältnisse formulieren wollten – Ethik und Diskussion also, aber nicht direkt

Politik; schließlich die jungen Sozialbewegten, die ‚jüngeren Christlich-Sozialen', wie sie dann heißen. Typisch dafür ist der aus der Inneren Mission kommende Friedrich Naumann. Das Christentum soll die große fortschrittliche Macht werden, die die Soziale Frage löst, die gesellschaftlichen Beziehungen reformiert, im Grunde die Sozialdemokratie beerbt; der Volksmann Jesus stiftet eine neue Brüderlichkeit, in der die praktischen Forderungen der Arbeiterschaft erfüllt werden. Das war das eigentliche Programm. Paul Göhre, Sekretär jenes Kongresses, berühmt durch sein Buch von 1891 ‚Drei Monate als Fabrikarbeiter und Handwerksbursche' wurde ein Protagonist dieser ‚jungen' Sozialengagierten. Sozialdemokratie und Christentum sollten versöhnt werden, das hieß Entradikalisierung der Sozialdemokraten und radikale Reform des Bürgertums. Von daher ergab sich natürlich die interessierte Nähe zum sozialdemokratischen Revisionismus. Diese ‚Jungen' wandten sich mehr leise als laut von Stoeckers, ihres Vaters, Konservativismus ab, auch wenn sie noch in seiner Zeitung ‚Das Volk' ihr Forum hatten.

Das führte sehr schnell zur Krise dieser ganzen Bewegung. 1894 hatte Göhre für eine große Landarbeiterenquête, die Max Weber dann bearbeitet hat, die Befragung von 1000 Landpfarrern organisiert. Daraus entwickelten die Jungen und viele jüngere Landpfarrer heftige Angriffe auf die Junker, ja die Forderung, ihre Herrschaft zu beseitigen; „wir werden aus Schleppträgern der Herren von Bildung und Besitz zu ihren Gegnern", „ja wir werden bald schlimmere Gegner sein als die Sozialdemokraten". Die konservative Herrschaft auf dem Lande schien bedroht, wenn die Pfarrer nicht mehr mitmachten und gar die Landarbeiter organisierten. Und die Idee so vieler Theologiestudenten, durch Fabrikarbeit Erfahrung proletarischer Existenz zu sammeln, irritierte zusätzlich, und ebenso der Widerstand der Christlich-Sozialen gegen die „Umsturz"vorlage von 1895, die ‚Schreibtischtäter' und Kritiker des sozialen Status quo bestrafen wollte. Die Konservativen und das Establishment reagierten scharf. Die Jungen, so hieß es, erregten Unfrieden und Klassenhaß. Inzwischen hatte der Kaiser ja unter dem Einfluß des Saarindustriellen Karl Freiherr von Stumm den Kurs der Sozialreform verlassen und den Kampf gegen den Umsturz auf die Tagesordnung gesetzt, und Stumm sah in Katheder- und Kanzel,sozialisten' Wegbereiter und Sympathisanten der Sozialdemokratie und der Revolution. Am 16. 12. 1895 erklärte der Berliner Oberkirchenrat sich entschieden gegen Maß und Art des politisch-sozialen Engagements einzelner Pfarrer, gegen den Irrtum, die Kirche zu einem maßgeblichen Faktor in politsch-sozialen Konflikten machen zu wollen: Sie sei für alle da und habe zu Gottesfurcht, Königstreue und Nächstenliebe zu erziehen. Die gemeinten Pastoren wurden diszipliniert: gezähmt, versetzt oder zum Ausscheiden gedrängt. Es ist heute leicht, sich hier zu empören, über die Tatsache und die Art, wie die Kirchenbehörde den wechselnden Meinungen des summus episcopus folgte. Man soll nicht übersehen, daß es für diese Maßnahmen auch Legitimität gab. Die Kirchenleitung war gegen einen ,linken' Klerikalismus, die Vermengung von Kirche und Politik, gegen das sozialpolitische Dilettieren von Pfarrern, gegen eine Schiedsrichterrolle der Kirche, sie verteidigte Pluralität und Frieden in den Gemeinden gegen die Parteinahmen und Einseitigkeiten der jungen Pfarrer. Aber auch wenn man das einräumt und betont, jenes Votum war nun umgekehrt ganz eindeutig und gegen die ,Linken'; denn im Kampf gegen die Sozialdemokratie war die Parteinahme der Kirche selbstverständlich; konservative, agrarische und antisemitische Aktivitäten dagegen fielen nicht unter das Parteinahmeverbot. Das Wirken der Kirche für Liebe, Vertrauen und Versöhnung war eingefügt in die Ordnung, in der die Klassen ihre speziellen Pflichten hatten; mit der Verurteilung des Neides richtete man sich gegen Veränderung von Besitzverhältnissen. Was die bestehende monarchische Ordnung stabilisierte, war legitim, Gehorsam und Pflicht mehr als Freiheit und Selbstbestimmung. Friede und Gemeinwohl hatten ihren Ort im bestehenden und nicht in einem veränderten Staat. Der Zentralausschuß der Inneren Mission hat kurz darauf sehr viel abgewogener votiert: Die Kirche könne im Klassenkampf nicht gleichgültig sein und müsse versuchen, beide Seiten mit dem Geist des

Evangeliums zu durchdringen, keine Reform könne ohne religiös-sittliche Impulse sein, deshalb hingen Reform und Religion, trotz aller Trennung der Reiche, doch zusammen. Aber im ganzen: Der Ton der Amtskirche war konservativer. Nur die Saargeistlichen, die gegen die Vorwürfe Stumms die soziale Kraft des Evangeliums vorbrachten und den Anspruch der Kirche, auch für Wirtschaft und Gesellschaft Gewissen zu sein, wurden von ihrem Konsistorium gedeckt.

Die Krise der christlich-sozialen Bewegung verschärfte sich dann weiter. Stoecker wollte sich immer nur vorsichtig von „seinen" Jungen distanzieren, nicht das christlich-soziale Programm desavouieren. Deshalb wurde er 1896 aus der konservativen Partei herausgedrängt. „Christlich-sozial ist Unsinn und führt zu Selbstüberhebung und Unduldsamkeit. Die Herren Pastoren sollen sich um die Seelen ihrer Gemeinde kümmern, aber die Politik aus dem Spiel lassen, dieweil sie das gar nichts angeht" – so klassisch Wilhelm II. in einem später veröffentlichten Telegramm. (Und man soll sich nicht zu schnell über das Gewicht des Argumentes hinwegstehlen.) Stoecker trat dann auch aus dem Evangelisch-Sozialen Kongreß aus, trennte sich somit auch von den liberalen Sozialreformern und gründete – im Juli 1896 – die Freie Kirchlich-Soziale Konferenz, das Forum der christlich-sozialen Konservativen und eine Zentrale für die evangelischen Arbeitervereine. Im selben Jahr organisierte sich ein Teil der Jungen links vom Evangelisch-Sozialen Kongreß im ‚Nationalsozialen Verein' Friedrich Naumanns. 44 Pfarrer waren bei der Gründung. Nicht die Kirche, sondern die Politik war für sie fortan der Hauptkampfplatz, und Naumann und andere haben sich dann allmählich von der Kirche gelöst. Naumann hat von dem großen Kirchenrechtslehrer Rudolph Sohm die Trennung der Reiche wieder scharf vergegenwärtigt bekommen. Das national-machtstaatliche und liberal-demokratische Programm wird es jetzt, das für ihn seine soziale Politik trägt und begründet: Demokratie und Kaisertum, nicht mehr die Kirche. Und ganz auf der Linken traten Paul Göhre und ein paar andere in die Sozialdemokratie über. Ähnlich entwickelt sich Paul Rohrbach vom Evangelisch-Sozialen zum liberalen

Imperialisten: Denn es ist die national-imperiale Effizienz, die die Arbeiter integrieren wird.

Was ist das Ergebnis dieser Höhen- und Krisenjahre? Zunächst zwei getrennte, wenn auch nicht feindliche Lager. Da ist der Evangelisch-Soziale Kongreß, von den Liberalen bestimmt, Harnack ist hier führend; keine politische Zentrale gegen Sozialdemokratie und katholischen Volksverein, wie Stoecker es wohl gewollt hatte, sondern ein Diskussionsforum von Professoren und hohen Beamten mit weiter Ausstrahlung hin zu Lehrern, Pfarrern und Studenten, Teil der bürgerlichen Sozialreform, später mit der Gesellschaft für soziale Reform verbunden. Politik-theologisch ging es hier um den schmalen Weg zwischen einer quietistisch-resignativen Zwei-Reiche-Lehre und der Politisierung des Evangeliums, man wollte den Klassenkampf mit ethisch-religiösen Normen durchdringen, an der Überwindung der sozialen ‚Schäden' arbeiten. Das konnte bis zu durchaus konkreten Forderungen reichen, etwa nach dem Koalitionsrecht der Landarbeiter, wie Max Weber es wollte. Man war weniger schroff antisozialistisch, man relativierte die Gleichsetzung Sozialismus und Materialismus und disqualifizierte die emanzipatorischen Bestrebungen nicht länger moralisch. Gerade die Theologie der Personalität legitimierte das Streben nach Mündigkeit. Gerade in diesem Personalismus ließen Eigengesetzlichkeit der Welt und evangelische Norm sich verbinden. Und auf der Basis des Personalismus hatte man auch einen modernen Begriff der nicht mehr ständischen, insoweit individualistischen Gesellschaft. Der Protestantismus sollte im sozialen Leben im Grunde nicht über die Organisation Kirche, sondern als Kulturmacht über die Einzelnen zur Geltung kommen.

Dann gab es die Stoeckersche Konferenz und die Christlich-Soziale Partei, nun wieder deutlicher konservativ eingefärbt, Teile auch der Inneren Mission, der positiven Theologie und Frömmigkeit zugeordnet, stärker antisozialistisch, stärker auf Kirche und Gemeinschaft bezogen und stärker praktisch ausgerichtet. Aber sie hielten ihre sozialen Forderungen auch im Umbruch von 1895 fest; anders verliere die Kirche, so meinte

Stoecker, die Führung des Volkslebens. Diese Gruppe bemühte sich vor allem um die evangelischen Arbeitervereine. Diese waren zur Belehrung und religiös-moralischen Festigung zuerst gegründet worden, von Pfarrern geleitet und oft paternalistisch von Unternehmern gestützt, im Ruhrgebiet in Abgrenzung gegen die katholische Vereinswelt. 1890 hatten diese Vereine etwa 50/60000 Mitglieder. Dann wuchsen sie, vor allem im Südwesten und in Mitteldeutschland, in Sozialpolitik und friedliche Interessenvertretung hinein. Ein Pfarrer aus Mönchen-Gladbach, Ludwig Weber, hat sie dann in enger Verbindung mit Stoecker betont kirchlich und scharf anti-sozialdemokratisch ausgerichtet, sie aber auch in Beziehung zu den entstehenden christlichen Gewerkschaften gebracht. Die Bedeutung der katholischen Arbeitervereine haben sie nie erreicht, 1914 hatten sie mit 168000 ein Drittel von deren Mitgliedern, das religiöse Element dominierte. Es gab einen linken Flügel, der für die freien Gewerkschaften, die große Mitte, die für die nicht-sozialistischen Gewerkschaften eintrat, und eine kleine Rechte, die überhaupt den Arbeitskampf ablehnte.

In der Kirche schließlich gab es natürlich weiter sozial engagierte Pfarrer – die Positiven mehr auf den Wegen Stoeckers, auch in Ostelbien war diese Sympathie stark, die Liberalen auf denen des Kongresses oder Naumanns. Das lief auch nach der Schwenkung der Kirchenleitungen weiter, vielleicht etwas weniger lautstark. Das Verhalten vieler Großstadtpfarrer bei Streiks etwa ist dafür ein Indiz. Es gab mancherlei Riß zwischen den sozial engagierten und den ‚normal' bürgerlichen Pfarrern. Nach der Jahrhundertwende lockerten die Amtskirchen ihren Kurs etwas, moderate Sozialreform wuchs in bürgerliche Normalität.

Über Breite und Resonanz dieser ‚Bewegungen' ist es schwer, Verläßliches zu sagen. Gewiß war das christlich-soziale Engagement eine Minderheitssache, die Breite wie im Katholizismus hat es nicht erreicht. Staatsloyalität, der schon fortgeschrittene Abfall der protestantischen Arbeiter und auch die Stärke der säkularen Sozialreform haben das (im Vergleich z.B. mit England) wohl verhindert. Wenn man Publizistik und Diskussionseifer und Themenwahl gewichten will, mag es scheinen, als ob das Christlich-Soziale nach 1900 an Intensität verliert (etwa im Vergleich zu den neuen imperialen Themen), aber das ist wohl doch der Übergang von neuem und erstem Aufbruch zu einem kontinuierlichen Engagement, weniger Stagnation als Normalität.

Nimmt man etwas Zählbares her, die Reichstagskandidaturen evangelischer Pfarrer von 1912, dann sieht sich diese Sache zunächst anders an: 28 Kandidaten, davon 6 Christlich-Soziale, 1 Konservativer, 3 Antisemiten, d.h. 10 ‚Rechte', 8 Nationalliberale (rechte Mitte), und 8 Linksliberale (Linke), 2 Splitterparteien. Aber die fortschrittlichen (nationalsozialen) Pastoren waren stärker engagiert und repräsentierten kaum die ‚Pastorenpolitik' oder die politische Disposition der Gemeindebürger.

Der Pastorennationalismus war natürlich weit stärker als der ‚Pastorensozialismus', wie das status-quo-konservative Element stärker war als das liberale. Aber die Sozialreform war doch, gerade für die geistig bewegte Jugend, eines der zentralen Themen, nicht ein Spezialgebiet, sondern eines, an dem das Schicksal der Nation und der Humanität im besonderen hing. Und die bürgerliche Sozialreform lebte auch und stark von ihren evangelischen Wurzeln. Dies Element an werdender Modernität im System des Wilhelminismus hängt mit den Leuten der Kirche ganz unverkennbar zusammen – so wie die liberale, ja zuletzt auch die neue neokonservative Theologie mit der intellektuellen Modernität. Die Einbindung der Kirche in den etablierten Status quo – auch der war ja nicht so einheitlich – hat dem nicht Eintrag getan. Es gab genug Aufbruchpotential, aber das war nicht die stärkste Macht in der Kirche, das blieb der Nationalprotestantismus. Er hat, anders als der Katholizismus, Weimar schwerer gemacht.

Das andere, was es abzuwägen gilt: Die Kirche hat sich spät erst, aufhaltsam dann und nur mit einer Minderheit der sozialen Frage, den Fragen der Arbeiterschaft zugewandt. Und die Organisationsbemühungen behielten immer das paternalistische ‚von oben' und die Furcht vor der Sozialdemokratie als taktisches Motiv. Die Kirche hat die Arbeiterschaft weithin verloren. Das liegt nicht an der modernen Industriekultur, in England war es ja noch anders. Aber die Wurzeln reichen weit zurück, in die Entstehung einer radikalen Intelligenz der 40er Jahre, die intellektuellen Anfänge der deutschen Arbeiterbewegung, in die liberal-bürgerliche und die konservativ-‚agrarische' Theologie, in die Staatsbindung der Kirchen. Ganz unabhängig vom Klassenkampf – die liberalen Pfarrer und Theologen waren zu bildungsorientiert und die ‚positiven' zu erweckungsfromm und antimodern, um die traditionsentbundene Arbeiterschaft noch zu erreichen. Auch wenn die Kirche Stoecker gefolgt wäre oder Naumann oder allen beiden – an dem Bruch zwischen Kirche und Arbeiterschaft hätte das nichts geändert. Damit mußte die vorbürgerliche wie die bürgerliche Kirche leben. Gewiß war die Kritik der Arbeiter an der Kirche verbunden mit der Kritik an ihrem bürgerlichen, ihrem Klassencharakter, sie gehört zu ‚denen da oben'. Gewiß gab es religiöse Ansätze auch in der Arbeiterschaft und gewiß hielt sich auch christliche Moraltradition gerade bei der ‚respektablen' Arbeiterschaft durch. Aber eine andere Kirche, das sei noch einmal gesagt, hätte nach 1870 die Arbeiter in Deutschland doch nicht mehr halten können.

5. Kirchentreue und Auswanderung aus der Kirche

Wieweit wirkte die Kirche noch, wie stark war die Zugehörigkeit zu ihr? Die formale Zugehörigkeit blieb weitgehend erhalten, die Austritte ins Konfessionslose bleiben trotz freidenkerischer, sozialistischer Propaganda bescheiden (1906/14 nicht mehr als 16–17000 pro Jahr). Die „Freidenker" bleiben organisatorisch schwach; bei den Arbeitern überwiegt Gleichgültigkeit den militanten Atheismus der formal Austretenden; die Mehrheit der sozialdemokratischen Führer vermeidet es, mit den Freidenkern die Religionsfrage aggressiv aufzunehmen, die Religion wird, so meinen sie, von selbst absterben.

Einstweilen geschieht das – noch – nicht. Die lebensprägenden Riten erhalten sich: 90% der Kinder evangelischer Eltern werden getauft und konfirmiert, die kirchliche Trauung hält sich auf etwas niedrigerem Niveau, nach dem ersten ‚Schock' nach Einführung der Zivilehe in Großstädten, zumal in Berlin: 1873/79 war dort die Zahl der Trauungen von 11331 auf 2642, die der Taufen von 32073 auf 19291 gesunken; aber dann steigen die Zahlen und stabilisieren sich. Der Prozentsatz der kirchlichen Beerdigungen steigt zwischen 1880 und 1914 in Preußen von 64 auf 86%. Kurz, die ‚Sitte' also hält.

Aber die aktive Teilnahme an der Kirche – am sonn- und festtäglichen Gottesdienst und am Abendmahl (das sind die Meßgrößen unserer rudimentären Statistiken) geht deutlich zurück. Die leise Auswanderung nimmt zu. Im rechtsrheinischen Bayern z.B. betrug die Abendmahlsfrequenz 1867 77%, 1880 62%, 1913 43%; die Zahlen schließen die Kinder ein, d.h. jeder Erwachsene ging durchschnittlich einmal zum Abendmahl, und da die Frommen auch mehrmals im Jahr gingen, verbergen sich hinter der Durchschnittszahl die Nichtgänger. In fränkischen Landgemeinden lag die Frequenz 1913 noch über 100, in München etwa bei 50, in Nürnberg etwas über 20, in Bayreuth bei 45, in Fürth bei 25. In Württemberg sinken die Zahlen von (1861/62) 70 über 1880 53 auf 1913 41, in Baden von (1880) 52 auf 44 – in Mannheim: 8! –; in Thüringen von 39 auf 30, in Sachsen von (1861) 72 auf 35, in Hannover von (1861) 63 auf 48, in Westpreußen (1880) von 44 auf 41, in Westfalen von 38 auf 29, in der Rheinprovinz von 41 auf 21%. In Breslau lag die Abendmahlsfrequenz in den 90er Jahren bei 10, in Görlitz 5–6, in Dresden bei 3,5, in Berlin bei 13/14%. Und die Durchschnittszahlen des Gottesdienstbesuches an Normal-Sonntagen lagen durchaus niedriger: in Baden 1872 bei 29, 1906 bei 23%, in Thüringen 1908 10–15% (in Gera 3,5!), an Festtagen 23 bis 30%, ähnlich in Sachsen, im ‚heidnischen' Schleswig-Holstein in Plön in den 80er Jahren bei 4,3%, 1913: 3,5%, auch am Feiertag nicht mehr als 5%, in Bochum 1880 etwa 10%, in Berlin schon 1872 nur bei etwa 2%. Diese Zahlen muß man noch weiter relativieren, da hier, anders als beim Abendmahl, die Kinder mitzählen, und sie machten oft ein Drittel der Gottesdienstbesucher aus. Durchschnitte von 20% sind gewiß zu hoch, 10–15% (und 90–100% Abendmahlsfrequenz) galt 1913 schon als intensive Kirchlichkeit. Man darf sich freilich durch solche Zahlen nicht täuschen lassen. Schon unsere Zahlen zeigen die Unterschiede der Regionen, z.B. ein Nord/Südgefälle (mit Ausnahme von Hannover). Sitte und Tradition und historische Bedingungen schlugen da noch durch und natürlich hohe oder niedrige Ausgangsniveaus; Diaspora und Konfliktgebiete sind immer kirchlicher als geschlossene Konfessionsgebiete. Wichtiger ist der innerregionale Unterschied, zuerst simpel zwischen Stadt und Land; in Sachsen lag der Gottesdienstbesuch vor 1914 in ‚richtigen' Dörfern zwischen 20 und 40%, in den Industriegemeinden zwischen 2,5 und 8%, in den typischen Arbeitervororten bei 1%. In den Städten (außer den norddeutschen Großstädten) sind die neuen Vororte besonders unkirchlich. Die Abendmahlsfrequenz um 1900 variiert zwischen 20 und 150% – da schlagen sich die Mehrfachteilnahmen im Jahr nieder. Überall fällt auf, daß die Männer eher aus der Kirche auswandern; in einem südhannoverschen Landgebiet 1910 stellen sie nur 10% der Kirchenbesucher, in Baden waren 1904 immerhin noch 43% der Abendmahlbesucher Männer. Dann gibt es historische Unterschiede, in Baden z.B. ist der Süden viel unkirchlicher als der Norden. Andererseits muß man sehen, daß der Festtagsbesuch – zumal wenn man etwa die drei Weihnachtsgottesdienste zusammennimmt – durchweg beachtlich höher als der Normal-Sonntagsbesuch lag, in Südhannover bei 25%, Weihnachten bei 30% gegen sonst 11%.

Daß die Entkirchlichung in den Großstädten stärker zunahm, hing zunächst damit zusammen, daß die Kirchen mit der Gemeindeorganisation nicht nachkamen, dann auch damit, daß der Kirchenstil eher vom agrarisch-kleinstädtischen, bürgerlichen Lebensmodell geprägt war als dem der neuen Arbeiterexistenz. – Aber weder Konservativismus noch Liberalismus haben auf Dauer die Auswanderung aufhalten können. Auch ‚erfolgreiche' liberale Pastoren haben zwar den Gottesdienstbesuch erhöht, nicht aber die Teilnahme am Abendmahl. Sehr charakteristisch ist im Gegensatz zu all den bisherigen Zahlen, daß der seit etwa 1870 überall übliche Kindergottesdienst eine der wenigen

Institutionen war, die Volks- und Bürger-, Kern- und Randkirche noch zusammenfaßte.

Die Entkirchlichung hat viele Gründe – das Vordringen von ‚Rationalismus' und Säkularismus allein erklärt wenig, erklärt nur abstrakt. Die Unterschiede der Statistik verweisen auf soziale Gegebenheiten. Die Einheit von religiöser und gesellschaftlicher Lebenswelt zerfällt, der Einzelne gehört zu verschiedenen Identifikationsgruppen, die Lebensbereiche separieren sich; es gibt Zugehörigkeitsverluste und Religion verliert an Funktion, sie wird etwas Spezielles. Der einheitliche Gruppenhalt, dessen die Vorstellung und die Emotion des Menschen bedarf, löst sich auf, damit verliert Religion an sozialem Kurswert, an Realität. Zunächst endet überall die ‚Kirchenzucht': Der öffentliche Ausschluß oder Tadel eines Einzelnen, sie sind nicht mehr zu halten. In der pluralistischen Industrie- und Stadtwelt wird Religion ‚privat', wechselseitig nicht mehr verstanden; ‚neutrale' Gruppen üben durch ihre bloße Existenz einen Druck zur Entkirchlichung aus. Das gilt auch auf dem Lande. Die Berufsklagen von Geistlichen über gottentfremdeten Zeitgeist und Sittenverfall wird man nicht ernster als nötig nehmen, aber die christliche Sitte – von Haus, Gemeinden, Sonntag – geht gewiß zurück. Wo die Stadt nahe ist, wo es mehr Pendler gibt, geht das schneller. Aber auch sonst wirkt die moderne Kommunikationsgesellschaft; Fest und Vergnügen z.B. hören auf, im Kirchenjahr und im Dorf eingebettete und begrenzte Institution zu sein, das Samstagsvergnügen wird ubiquitär und mit der Eisenbahn oder dem Fahrrad erreichbar, die gemeinsame Kirchweih einer Region zerfällt in die Abfolge der Dorffeste ringsum, das verändert das kirchliche Klima; die soziale Kontrolle nimmt andere und nicht mehr religiöse Formen an. Und das potenziert sich dann: Angesichts der Traditionsbrüche, des kulturell-sozialen Wandels gerät die Kirche in die Rolle, die Tradition zu verteidigen. Der urtümliche Gegensatz von Kirchenmoral und Leben war bis dahin immer von einer selbstverständlichen Kirchlichkeit überwölbt gewesen; jetzt führt er dazu, daß einerseits die Pastoren zu Verteidigern der ‚älteren' moralischen Ordnung des täglichen Lebens werden und andererseits die ‚Sünder' sich von der Kirche ablösen.

Man wird die Auswanderung aus der Kirche nicht über-, nicht unterbewerten. Weder waren ‚vorher', zur Zeit der kirchlichen Sitte, alle Christen, noch waren die Flüchtlinge aus der Kirche – wie ihr Lebensriten- und Festtagsverhalten zeigt – in der Mehrheit schon Nichtchristen. Die Grenzen sind fließend. Aber – wenn man die Welt nicht spiritualistisch sieht –, eine epochale Veränderung ist es doch, die hier aufkommt.

Dazu kam schließlich die wachsende Ablösung von der Kirche bei Leuten aus den Bildungsschichten, in einer Fülle von Selbstzeugnissen und Beschreibungen festgehalten. Der konservativ-liberale und nationale Konsens konnte sich auch ohne Kirche etablieren. Dabei sind weniger die dezidierten Kritiker bis hin zum Atheismus wichtig – davon handeln wir im nächsten Kapitel – als die praktische Gleichgültigkeit, ohne Haß und Hohn und ohne die Erbitterung sozialistischer Arbeiter und ohne Nostalgie auch. Aber: Die Kirche hat nichts mehr zu sagen. Die Kirche des Wortes wird zur Kirche der Worte; die Predigt, ob in erwecktem Ton oder in theologisch dogmenkritischem ‚Vorlesungs'stil gilt solchen nichts mehr und auch nicht die Seelsorge, sie widerspricht dem Sinn für Autonomie und für Distanz; weltliche Experten, Ärzte z.B., sind da besser. Relativierung und Auflösung der traditionell kirchlichen Ehe- und Sexualnormen in der Oberschicht – Fontane beschreibt das – trennen von der Kirche. Die pietistische Vernachlässigung weltlich-bürgerlicher Arbeit war auch durch Ritschls theologische Rehabilitierung nicht aufzuwiegen. Wichtig für die Bildungsschicht ist auch, daß der gymnasiale Religionsunterricht, in dem sich eher die pfarramtsscheuen Theologen sammelten, immer stärker historisch-kritisch bestimmt ist. Aber auch in der Volksschule und bei deren Lehrern büßt er an religionswirkender oder -befestigender Kraft ein. Gewiß, die Korrelationen sind nicht fest: So wie es protestantische Arbeiter und Tagelöhner gab, so natürlich auch Akademiker und Unternehmer (und atheistische Gutsbesitzer). Wir können nur Richtungen angeben: Oben und unten bröckelt es am stärksten – in den Kerngemeinden spielt der kleinere (und eher der alte) Mittelstand eine besondere Rolle; die Gebildeten, Kulturprotestanten und Harnack-Anhänger, bleiben ja in der Kirche, aber sie gehören doch zumeist zum Rand, und die Grenzen sind da, etwa bei den Söhnen, fließend. Insgesamt rückt die Kirche wohl schon für die Mehrheit aus dem Zentralbereich des bürgerlichen Lebens heraus, wird ein Sonderbereich. Und sie verhält sich eher defensiv, als daß sie initiativ Neues anstößt oder aufgreift. Aber gegenüber dem Verlust an kirchlich-frommer Prägung der Einzelnen bleibt bis 1918 der öffentliche, sozialmoralische metapolitische Einfluß der Kirche viel stärker und von großer Wichtigkeit. Kirche ist schützenswertes Altertum, Halt der Moral und der Ordnung, auch für die, die an den Normaltagen – Werktagen, Sonntagen – ausgewandert sind.

IV. Die Unkirchlichen und die Religion

Ein großer Vorgang in der Geschichte der Deutschen, nach rückwärts wie vorwärts übers Kaiserreich hinausreichend, ist das, was wir einerseits die Entkirchlichung und andererseits die Entchristianisierung nennen. Die Deutschen hören auf, in ihrer Mehrheit Christen zu sein, oder wenigstens: sich als Christen zu verstehen. Dieser Tatbestand ist 1914 noch nicht so augenfällig wie heute, aber im Vergleich zu 1815 oder 1850 z. B. ist die Entwicklung schon fortgeschritten – weniger im katholischen, viel stärker im protestantischen Bereich. Von der Resonanz der Kirchen, soweit wir sie in Zahlen fassen können, haben wir gesprochen. Hier wollen wir von den Anti- und Unkirchlichen sprechen. Wir unterscheiden drei Ebenen. Zunächst die großen oder jedenfalls dezidierten Gegner und Kritiker des Christentums und die Bewegungen und Organisationen des „Atheismus". Dann die schweigsam aus der Kirche Ausgewanderten, die praktische Unchristlichkeit, die ausdrücklich oder unausdrücklich anderswo ihre Sinnorientierung findet, die – informellen – „Ersatzreligionen" der Praxis. Schließlich die Randzone einer neuen außerkirchlichen ‚vagierenden' Religiosität.

1. Atheismus

Ludwig Feuerbachs radikale Religionskritik und dann die von Karl Marx, Arthur Schopenhauers populäre Philosophie eines antichristlichen pessimistischen Atheismus, eines Atheismus der Erlösung, der Liebe und des Mitleids, die naturwissenschaftliche Kritik der Religion auch jenseits des Vulgärmaterialismus – das war ideengeschichtlich das Ergebnis des zweiten Jahrhundertdrittels für die dezidierte Abwendung vom Christentum. Das dringt jetzt ins Breite. 1872 erscheint ein zeittypisches und wirkungsvolles Buch, das bestimmte Durchschnittstendenzen bündelt: David Friedrich Strauß, der 1837 mit dem ‚Leben Jesu' eines der nicht nur theologischen Epochebücher des Jahrhunderts geschrieben hatte, veröffentlicht: ‚Der alte und der neue Glaube. Ein Bekenntnis': Wir sind keine Christen mehr und wir wollen es nicht mehr sein. Erbsünde und Rechtfertigung oder Erlösung, Teufel und persönlicher Gott – das ist alles ohne Bedeutung für den modernen Menschen, ja der ganze Komplex von Sünde und Reue wird als selbstquälerisch und degradierend zurückgewiesen. Wir haben zwar noch „Religion", ein „pietät"volles Gefühl der Abhängigkeit vom Universum, aber wir begreifen die Welt mit Laplace und Darwin, monistisch und kausal als unendliche Evolution der Materie, einen immanenten Zusammenhang ohne Transzendenz, und ohne nach ihrem Zweck mehr zu fragen. Und wir ordnen unser Leben nach einer historisch sich entfaltenden natürlichen Ethik, der „Idee der Gattung" und – nach den national-liberalen Werten von 1871 – gesunder Egoismus und Wettbewerb gehören dazu. In diesem Zusammenhang handelt Strauß alle zeitgenössischen moralisch-politischen Konfliktfragen, Todesstrafe, Wahlrecht oder Ultramontanismus, ab, tritt er für die Herrschaft der gebildeten Eliten und gegen die ‚französische' Demokratie und ihre Bürgerrechte ein. Der Sonntag ist künftig erfüllt von politischem Gespräch, naturkundlichen und historischen Studien, Literatur und Musik, von Wissenschafts- und Kunstreligion. Das ist Anregung für Geist und Gemüt, Phantasie und Humor, die nichts zu wünschen übrig läßt, „so leben wir, so wandeln wir beglückt!". Es gibt keinen Grund auf eine kommende Erlösung zu hoffen, es ist alles schon da. Das war etwas dürftig – gegenüber dem menschlichen Leiden oder dem sozialen Elend etwa – und Nietzsche hatte es nicht schwer, 1873 Strauß als den „Bildungsphilister" – satt, optimistisch, trivial – in der Luft zu zerreißen. Auch sonst wurde das Buch publizistisch mehr angegriffen als gelobt, aber es hatte in 11 Jahren doch 11 Auflagen: es drückte eine weit ausgebreitete bürgerliche Lebensstimmung aus. Wer den Optimismus von Strauß nicht teilen mochte, fand Genüge an der Popularisierung Schopenhauers durch Eduard von Hartmann, dessen ‚Philosophie des Unbewußten' (1869), wie seine weiteren christentumskritischen Bücher hoch erfolgreich, eine Zeitlang eine Modephilosophie begründete: Hier stand die Tragik der Welt im Mittelpunkt, die Allmacht einer unbewußten Weltvernunft, und das Ziel der Erlösung allen Seins, eine achristliche Religion des Pessimismus, der, so hieß es, die Zukunft gehöre.

Ein neuer Anstoß der Entchristianisierung ging vom Darwinismus aus, von den weltanschaulichen Konsequenzen, die man aus Darwins biologischen Entdeckungen und Theorien über die Evolution zog (und ziehen mußte). Die Evolutionstheorie stand im Gegensatz zur christlich tradierten Lehre von Schöpfung und Anfang der Welt (und auch deren bisheriger symbolisch ermäßigten Deutung), sie machte die teleologische Interpretation der Welt, den Schluß von ihrer Zweckmäßigkeit auf einen göttlichen Schöpfer, überflüssig, und sie vernichtete, indem sie den Menschen in die Evolution einordnete, seine Sonderstellung als gottverwandtes Geistwesen. Die Geschichte des Lebens, die Welt, der Mensch waren, so mußte es scheinen, ohne den zentralen Gedanken eines Schöpfergottes zu erklären. Das war ganz neu, das war wahrlich radikal. Der alte Gott, so spottete Strauß, war „in Wohnungsnot geraten", überflüssig geworden. Und mehr noch: Mit der durchgängig kausalmechanischen Welterklärung schien auch der menschlichen Willensfreiheit und damit der christlichen Zentrallehre von der Sünde endgültig der Boden entzogen – dieses Denkstück wurde freilich nicht von allen Atheisten weiterverfolgt. Der Logik dieser Konsequenzen, auch wenn sie Darwin selbst nicht gezogen hat, war schwer auszuweichen.

In Deutschland ist es der bedeutende Jenenser Zoologe Ernst Haeckel gewesen, der Darwin popularisiert und – provoziert auch durch die anti-darwinistische Reaktion der Kirchen – scharf gegen das Christentum ausgespielt hat. ‚Die natürliche Schöpfungsgeschichte' 1868 und ‚Anthropogonie' 1874 breiteten die Lehre von der rein immanenten Evolution des Lebens aus (und dazu das sogenannte „biogenetische Grundgesetz", wonach die Entwicklung des Embryos die des Lebens insgesamt wiederholt). Haeckel nannte diese Lehren „Monismus". Haeckels Thesen waren in der Biologie durchaus umstritten, aber er erhob den Monismus mit geradezu messianischem Ton selbst zur Religion, zur Religion sowohl der Wissenschaft wie der Entwicklung, zum Gegenstand neuer Predigt. ‚Der Monismus als Band zwischen Religion und Wissenschaft' 1892 und vor allem der Bestseller von 1899, ‚Die Welträtsel', waren dafür typisch. Die leidenschaftliche und militante Verneinung Gottes (das Spottwort vom ‚gasförmigen Wirbeltier'), im Namen einer durchgängig naturwissenschaftlichen Weltanschauung, verband sich mit einer Welt- und Allfrömmigkeit, mit dem Glauben an die Erhebung des Gemüts durch Kunst und Wissenschaft, mit dem Glauben an eine bessere Menschheit der Zukunft und ein höheres vom Christentum befreites Ethos. Das war die futurische Wendung der fortschreitenden Evolution, in die auch Darwins Selektionsprinzip, der Kampf ums Dasein, positiv und harmonisierend aufgenommen war. Rückkehr zur Natur und moralische Vervollkommnung durch die Evolution – das waren religiöse Elemente, ebenso wie die gern gesuchte Beziehung zum Pantheisten Goethe. Es war eine merkwürdige Verbindung von Materialismus und Idealismus, Darwin und Hegel. Der antireligiöse Monismus wurde eine Art Gegenreligion. Haeckels Wirkung war ungeheuer – zumal auch bei nicht akademisch Gebildeten, bei Volksschullehrern und dann bei den Sozialdemokraten. Seine Bücher gehörten – gerade wegen ihrer „materialistischen" antichristlichen Tendenz – zum vielgelesenen Standardrepertoire von Arbeiterbibliotheken, obschon Haeckel persönlich der alldeutschen Rechten anhing. Und es gab viele kleine Haeckels. Zudem: Auch ohne messianische Militanz hatte die naturwissenschaftliche ‚Welterklärung', die in steigendem Maße popularisiert wurde, eine deutlich anti- oder doch irreligiöse Spitze. Typisch dafür war etwa die erfolgreiche Zeitschrift ‚Kosmos', die eine Gesellschaft der Naturfreunde seit 1894 herausgab, und waren dann die Kosmosbände, manchmal mit Auflagen über 100000 Stück.

Wichtig ist dann in diesem Zusammenhang eine zweite Phase des ‚Sozialdarwinismus', in der nicht mehr die Evolution – wie bei Haeckel und den Sozialisten –, sondern der Kampf ums Dasein, ums Überleben der Fähigsten, im Mittelpunkt stand und daraus Geschichte gedeutet und Politik programmiert wurde. Diese Art zu denken – sie breitete sich am Rande der Wissenschaft und in der Publizistik, bei Eugenikern und Rassebiologen und in völkischen Sekten aus –, mußte nicht nur Vorstellungen von Gott und Unsterblichkeit ganz hinter sich lassen, sondern mit der Vorstellung vom Lebensrecht des Stärkeren auch die Restbestände christlicher Moral und Humanität verdrängen und entmachten (und verband sich dann leicht mit einem vulgarisierten Nietzsche).

Das Verhältnis Naturwissenschaft/christliche Religion erschöpft sich nicht in den Zuspitzungen des Monismus oder gar des jüngeren Sozialdarwinismus. Rudolf Virchow, kein Freund der Religion gewiß, trat der „Unart“ Haeckels entgegen, Problemsätze als feste Wahrheiten zu benutzen, und so dachte die Mehrheit. Die reflektierenden Naturwissenschaftler, Emil Dubois-Reymond und Hermann von Helmholtz, sind die klassischen Repräsentanten der 70er und 80er Jahre, die – so scheint es – auch sagen, was die schweigende Mehrheit meint. Sie stellen mit allem Selbstbewußtsein der modernen Wissenschaft („die Weltbesiegerin unserer Tage“) ihren universalen Anspruch auf Erklärung der Welt, kausal-deterministische Erklärung – nach dem Ende der theologie-offenen Teleologie. Und die das Problem so schön aufteilende kantische Unterscheidung von Wissenschaft und praktischer Metaphysik und Religion genügt ihnen nicht, weil sie z.B. Kants Apriorismus in dessen Bestimmungen von Raum und Kausalität gerade als Naturwissenschaftler (und Mathematiker – man denke an die nichteuklidische Geometrie) nicht akzeptieren. Aber sie sind wiederum reflektiert genug, um dem philosophischen unbedarften naiven Realismus der Vulgärmaterialisten und auch Haeckels zu widersprechen. An bestimmten Grund- und Grenzproblemen – bei der Frage nach den Wesen von Kraft und Stoff, nach dem psycho-physischen Dualismus, nach der Willensfreiheit – stößt man auf Grenzen nicht nur des gegenwärtigen Wissens, sondern der Wissenschaft überhaupt, „Ignoramus, Ignorabimus", wie es Dubois-Reymond klassisch formuliert hat; diese Probleme sind ‚transzendent', nicht Sache der Wissenschaft und der durch Wissenschaft geleiteten Erfahrung, aber sie bekümmern sie auch nicht. Im ganzen ein vorsichtiger Agnostizismus – gegenüber dem „heiligen Wahnsinn der Religion", oder auch das Ideal, ohne fromm zu sein selig zu sein (Dubois-Reymond). Der Ernst der Forschung – Wahrheit und Wahrheit erkennen – hatte für viele Forscher selbst einen religiösen Zug, und es gab ein naturwissenschaftliches Normalideal, was auf Fortschritt, Praktibilität und Einheitlichkeit hinauslief. Also keine anti-christliche Wendung, aber doch eine große, zunehmend große Distanz. Darum blieb das Verhältnis Naturwissenschaft-Christentum, im Populären noch mehr, ein Stachel, denn trotz aller Grenzberichtigungen und auch Brükkenschläge, wie sie z.B. eine Kepler-Gesellschaft unternahm – das Vordringen der Naturwissenschaft entmächtigte die naiven Weltansichten, wie sie durchschnittlich noch mit der Religion verbunden waren und damit diese selbst. Für die Mehrheit der Wissenschaftler hat die neue Wissenschaftstheorie des Neukantianismus das Recht der Naturwissenschaften und ihre Grenzen gegenüber der Ethik (und der Religion) scharf eingeprägt und damit praktisch den Agnostizismus. Das Wiederaufkommen eines teleologischen Vitalismus in der Biologie konnte daran nichts Grundlegendes ändern. Aber David Hilbert hat gegen Dubois-Reymond 1930 formuliert und im Zweiten Weltkrieg trotzig auf sein Göttinger Grab setzen lassen: „Wir müssen wissen, wir werden wissen." Das war szientistischer ‚Glaube'.

War es schon mehr als schwierig, den überlieferten Begriff „Gott" mit der wissenschaftlich erklärten Welt in Bezug zu setzen, so war es noch schwieriger, zwischen einem vielleicht nicht auszuschließenden Gott der Welt und dem biblischen Vater Jesu Christi, dem Gott der Philosophen und dem Gott Abrahams, wie Blaise Pascal formuliert hatte, zu vermitteln. Aber das war damals ein Problem der Theologen. Für die Mehrheit der Randkirchlichen war unter dem Einfluß der Naturwissenschaften der Zweifel an dem Gott der Philosophen die Hauptsache und von jenem ‚anderen Gott' war nicht viel die Rede, Ethik war ein Problem für sich, aber konnte gegen jenen Zweifel kaum den Agnostizismus überwinden.

Die historischen Wissenschaften und die Sozialwissenschaften sind im Gegensatz zu den Naturwissenschaften nur langsam in die dezidierte Antikirchlichkeit eingegangen. In den 70er Jahren machte die Moralstatistik Furore, weil sie Freiheitshandeln (Selbstmord z.B.) quantifizierte und auf soziale Bedingungen, um nicht zu sagen ‚Ursachen', bezog. Bibelkritik und Dogmengeschichte drangen über die Dissenterfälle der Kirche vor allem ins öffentliche Bewußtsein ein. Um die Jahrhundertwende nahmen die publizistischen Erörterungen über die Existenz eines historischen Jesus zu, und die sensationsträchtige Kontroverse über ‚Babel und Bibel', an der auch der Deutsche Kaiser sich beteiligte, brachte die religionsgeschichtliche Schule unter die Leute.

Eine neue Epoche im Kampf gegen das Christentum eröffnet Nietzsche, und sein Angriff ist gewiß intellektuell-moralisch der bedeutendste dieser Jahrzehnte. Über Nietzsche und sein Verhältnis zum Christentum ist schier unendlich viel geschrieben worden. Hier muß Weniges genügen.

Nietzsches erste Grundposition ist radikal, kritisch, aufklärerisch entlarvend, relativierend. Alle Werte, Ziele und Sinndeutungen, alle philosophischen und religiösen Wahrheiten – das ist die Quintessenz der modernen Natur- wie Geisteswissenschaften, der konsequenten Verfolgung der Wahrheit – erweisen sich als nichtig, denn es ist jeweils der Mensch, der diese Sinndeutungen, diese seine Götter produziert, wie sie seinen Interessen entsprechen. Das zu entlarven bleibt die Aufgabe nie ermüdender Kritik, das Pathos der Wahrhaftigkeit, der ungewissen Wahrheit gegen die Absolutheitsansprüche der Priester, gegen Dogmen und Objektivitäten und die alten Wahrheiten: Das ist ‚freies Denken'. Das Christentum, seine Moral und die von ihm sich herleitende Metaphysik vor allem sind Gegenstand solcher Kritik. Der Universalzustand heute ist der Zerfall der Werte, das nennt Nietzsche Nihilismus. Der ist nicht das Produkt seiner eigenen Philosophie, so sehr diese ihn bewußt zu machen sucht; er ist die Signatur der Gegenwart. Ausdruck dafür ist die berühmte Formel „Gott ist tot", weil wir nicht mehr an ihn glauben; alles Tun und Sein der Gegenwart ist der Welt verpflichtet, hat sich ganz von dem antiweltlichen Christentum gelöst, auch wenn die Gegenwart es nicht weiß oder wissen will. Aber nur die Radikalisierung des Nihilismus kann ihn überwinden. Hier kommt die zweite Grundposition ins Spiel: Die Gegenwart, christlich und bürgerlich, ist in Verfall, weder ihre intellektuelle oder ästhetische Kultur noch ihre Politik, noch ihr Lebensstil haben Substanz, Echtheit, Kraft, sie sind zweideutig, theatralisch, wechselsüchtig. Ihre Werte: Fortschritt, Zivilisation, Humanität, Rationalität sind verbraucht, trivial, konventionell, unschöpferisch, sie sargen den Einzelnen ein. Und diese seine ursprünglich sehr subjektive Wertung weiß Nietzsche mit ungeheurem Scharf- und Tiefblick zu belegen. Die Gegenwartskultur kann nicht Ziel der Geschichte, nicht der eigentliche Wert des Lebens sein. Dagegen wird das wahre Leben, die Größe und die – wilde und orgiastische, dionysische vor-wissenschaftliche Realität der Griechen, die vorsokratische, die tragische und dennoch lebenbejahende Antike gestellt.

Das nun gibt, drittens, die eigentliche, die neue Angriffsrichtung gegen das Christentum (so sehr das im Sturm und Drang, bei Goethe, im Jungen Deutschland präludiert ist). Das Christentum (und mit ihm die moderne Kultur) ist lebensfeindlich, darum müssen wir uns von ihm befreien. Das Christentum hat die Unmittelbarkeiten des Lebens, die tragischen Wahrheiten der Griechen, zerstört, es verneint das Leben: die Wirklichkeit und die Erde, Heroismus und kraftvolle Individualität, das Schöne, Edle, Großmütige, Geist und Seelengüte, Tapferkeit, Blut und Liebe, Glück, Lebensjubel und die Hoffnung des Lebens, Bejahung des Lebens. Es steht gegen Macht und Herrentum, Rang und Unterschied (worauf doch alle menschliche Kultur beruht), gegen die Natur und das Natürliche. Es verneint die Realität, dieses diesseitige Leben: indem es Jenseits, Unsterblichkeit und Kreuz obenan setzt und seine ‚Bleichsuchtsideale', Demut, Armut, Keuschheit, Mitleid, Entsagung und Schonung. Es begründet das – tragische – Leiden durch die

Fiktion der Sünde und erzeugt damit erst das schwärende und vergiftende Sündenbewußtsein, das eigentliche Übel der Welt, und darum dann die Gegenfiktion der Gnade. Es erzeugt das Gewissen als verinnerlichten Stachel zu seiner lebensfeindlichen Sünden- und Gnadenmoral, vergiftet das Wohlbefinden mit dem Gewissens-Wurm. Das hat schon – gegen die liberale Unterscheidung zwischen Jesus und dem Urchristentum – mit Jesus begonnen, der in eigentümlicher Unbetroffenheit von der Wirklichkeit der Seligkeit der Widerstandslosigkeit lebte. Aber verfestigt hat sich das alles dann im Christentum. Es ist das Ressentiment, die geheime unstillbare Rache der Ohnmacht, der Schlecht- und Zukurz-Weggekommenen gegen die ‚Edleren', die ‚demokratische' Moral von Sklaven- und Herdenmenschen der Spätantike, von Höllen- und Gottesfurcht aufrechterhalten, die Moral der Askese und des lebensfeindlichen Altruismus, das scham- und distanzlose Mitleid, die Nächstenliebe, die vom Leben ablenkt und widerstandslos macht, die Verneinung aller natürlichen, aller Lebenswerte, die das alte ‚gut und schlecht' durch ein neues ‚gut und böse' ersetzt und beides noch verkehrt, die das starke Leben verdächtigt und alles aufs Glück der Schwachen fixiert, die penetrante Vermoralisierung der Welt. Weltverneinung und Erlösungssehnsucht richtet sich gegen das Natürliche, die Weltbejahung. Die christlichen Werte sind Werte der Dekadenz. Die christliche Moral macht krank, weil sich die Natur gegen solche Domestizierung wehrt und sich doch wegen der Internalisierung dieser Moral schuldig fühlt. In diese Absage an das Christentum ist aller Platonismus und aller Idealismus einbezogen, sie sind, wie unterschieden sonst immer, vom selben Holz der Lebensfeindschaft.

Auch die moderne Welt schließlich, das ist die letzte Zuspitzung gegen alle rationalistische Religionskritik mit ihrem massiven Selbstbewußtsein der Modernität, lebt, wie abgeblaßt immer, von der christlichen Moral. Liberalismus, Demokratie, Sozialismus sind unter dem Aspekt der Gleichheitshumanität ihre Erben; und das, was sich noch Christentum nennt, ist zur bürgerlichen Moral von Wohlwollen und anständiger Gesinnung, Bescheidenheit und Resignation geschrumpft: Gott fügt alles so, daß gut und recht handeln unser Sein garantiert, daß es keinen Grund gibt, das Leben schwerzunehmen oder zu verklagen.

Worauf es ankommt ist, daß das Leben wieder gesund wird. Dazu muß der Mensch sich des Nihilismus bewußt werden und von all den Täuschungen frei. Dazu bedarf es der Horizonte und der Bilder. In diesem Kontext stehen dann die – mythisch-metaphysischen – Reden Nietzsches von Gegenbild und vom Zukünftigen, vom Übermenschen, der den Nihilismus erträgt, vom Willen zur Macht, vom Herrenmenschen und der Gewissenlosigkeit, ja von der Wiederkunft des Gleichen, von der neuen Unschuld, die der neue Atheismus erzeugen wird. Das ist schwer zu verstehen. Nietzsche provoziert unsere tieferen, nicht leicht errungenen Überzeugungen, wie angefochten immer sie sein mögen, von Egalität und Demokratie, Menschlichkeit und Güte. Herrenmensch und Wille zur Macht, das hat einen fatalen Klang. Aber auch unsere politisch-moralische Selbstgewißheit muß sich solcher Herausforderung stellen. Und man muß nicht zu schnell die falschen Töne hören. Der Wille zur Macht, das heißt philosophisch ja zunächst: Der Wille ist das Wesen des Lebens und der Welt, und dieser Wille ist es, der sich gegen die Lebensverneinung richtet, wachsen will. Herrenmensch – das ist zunächst auch einfach der Zielsetzer. Der Übermensch ist die Vorstellung von einer Verwandlung des Menschen, die notwendig ist, weil und nachdem Gott tot ist – gegen den bürokratisch-zivilisatorisch total eingepaßten ‚letzten' Menschen, der innengeleitete, wirklich autonome Mensch. Macht, das ist auch ein Wort für Glück und für freies Denken. Selbst die Wiederkehr des Gleichen – nach Karl Löwith ein hilfloser Versuch, aus dem Nichts in Etwas zu kommen – läßt sich verstehen als der Wille zur Selbstbejahung des Lebens, das seine vergangenen Stufen nur bejaht, wenn es ihre Wiederkehr wollen kann. Sei dem, wie es mag. Man muß jedenfalls in alldem zuerst den gewaltigen Willen zum Diesseits, zur Wirklichkeit, zum unverstellten und ungedrückten, zum befreiten Leben, zu einem nicht mehr bürgerlichen Grund dieses Lebens, zum schöpferischen Individuum auch sehen, der sich hier regt. Mit

Nietzsche und seiner Kritik am Christentum geschieht einer der großen Aufbrüche der Moderne, von dem auch wir noch leben – freilich ganz jenseits der Moderne der progressiven Tradition und gegen sie.

Gewiß endlich, die ‚positive' Philosophie Nietzsches hat Religionsstil, seine Schriften scheinen schon vom prophetisch-neutestamentlichen Stil her häufig Anti-Evangelien; man denke an den Religionsstifter „Zarathustra". In seinen Gedichten schlagen Pietät und Ehrfurcht vor dem Schicksal, zehrender Schmerz über den Tod Gottes oft genug durch. Aber das, was uns irritiert, gehört gerade zur Wirkung Nietzsches. Er wirkte als Antichrist und kritischer Intellektueller, als Religionsverkünder und Dichter zugleich.

Die Wirkungsgeschichte Nietzsches ist hier nicht zu erzählen. Sie war gewiß elitärer begrenzt als die Haeckels, aber seit den 90er Jahren gab es keine geistig bewegte bürgerliche, ja intellektuelle Jugend, die nicht im Schatten Nietzsches wuchs. Christian Morgenstern und Thomas Mann, Georg Simmel und der größte Geist der Geistes- und Sozialwissenschaft nach 1900: Max Weber – sie alle leben und denken im Schatten Nietzsches. Für die Fremdheit eines neuen Lebensgefühls gegenüber dem alten Christentum und jenseits des bürgerlichen Wilhelminismus wie des ‚alten' Rationalismus ist er lebensbestimmend geworden. Geistig, wenn auch nicht nach Zahlen, war er eine Macht.

Die Frage nach der Stärke der anti- und prononciert a-kirchlichen Kräfte ist nicht schlüssig zu beantworten. In den 70er Jahren ist die öffentliche A-Kirchlichkeit relativ ausgebreitet, in der ‚Gartenlaube' etwa, oder in der in der Mehrheit durchaus achristlichen Berliner Presse. Aber das geht dann wieder zurück.

Klar war, daß die Sozialdemokratie gegen Kirche und Religion stand. Hier lebte die Marxsche Religionskritik weiter und wurde zur Normalüberzeugung eines jeden wirklichen Sozialdemokraten. Zwar, Religion war laut Programm Privatsache; zwar traten nur besonders radikale Sozialdemokraten – in der Frühzeit etwa Johann Most – besonders vehement gegen den

‚Gottesaberglauben', den Pfaffenbetrug, den Kirchenunfug auf. Aber die formale ‚Neutralität' der Partei darf nicht über die Grundeinstellung hinwegtäuschen. Paul Göhre berichtet aus den 90er Jahren, daß die Opposition gegen die ‚offizielle' Religion manchmal geradezu als Hauptmerkmal des Selbstverständnisses sozialdemokratischer Arbeiter erschien. Eine Umfrage vor 1914 ergab, daß nur 13% der befragten – wesentlich nichtkatholischen – Arbeiter an Gott glaubten.

Die Nicht-Kirche organisierte sich in Vereinen und Gesellschaften. Die „freikirchlichen Gemeinden", Erben der vormärzlichen Lichtfreunde, bestanden weiter, auch in Verbindung mit der Sozialdemokratie; Adolf Hoffmann z.B., der „10-Gebote-Hoffmann" und Kultusminister von 1918, war Prediger einer solchen Gemeinde in Berlin. Ludwig Büchner, der Bruder des Dichters und Koryphäe des Materialismus der 1850er Jahre, gründete 1881 die deutsche Sektion des Internationalen Freidenkerverbandes. 1892 entstand in Berlin die – intellektuell anspruchsvolle, eher elitäre – ‚Gesellschaft für ethische Kultur', auch sie Teil einer internationalen ursprünglich nordamerikanischen Organisation. Es ging darum, Ethik und Zivilreligion sowohl den Kirchen wie dem Staat zu entziehen, zur Sache der freien Gesellschaft allein zu machen und die Ethik auf eine positivistische Reformvernunft, auf den Normen von Lust und Glück zu begründen und insoweit auch die Politik durch eine ‚Technokratie' der Vernunft zu ersetzen. Der Soziologe Ferdinand Tönnies und der Philosoph Theobald Ziegler waren prominente Mitglieder, daneben auch Ernst Haeckel, Wilhelm Ostwald, Ludwig Büchner, Georg von Gizycki. Und über Lily Braun, zuerst die Frau Georg von Gizyckis, reichte der Verband wiederum in die Sozialdemokratie hinein. August Bebel freilich lehnte mit der Mehrheit der sozialdemokratischen Führer eine Beteiligung an solcher bürgerlichen ‚Humanitätsduselei' ab. 1904 entstand der Giordano-Bruno-Bund. 1906 gründeten Haeckel und der Chemiker Ostwald – er erhielt bald darauf den Nobelpreis für Chemie –, und ein ehemaliger Bremer Prediger den „Monistenbund", der bis 1914 beträchtliche Resonanz fand (der eine Welt, wie Harnack spottete, aus Käferbeinen und elektrischen Substanzen präsentierte). Ostwald publizierte ‚Monistische Sonntagspredigten'. Für viele Freidenker wurde dann die Frage der Feuerbestattung eine erstrangige Symbolfrage antichristlicher Gesinnung, obschon bei den Evangelischen zwar die Sitte der Beerdigung herrschte, aber kirchenoffiziell keineswegs eine einheitliche Gegnerschaft gegen die Feuerbestattung bestand. 1904 wurde der Verein der Freidenker für Feuerbestattung gegründet. Schließlich, dem ideologischen Trennungs- und Profilierungsbedarf entsprechend, bildete sich der „Zentralverein proletarischer Freidenker". Aber er blieb schwach, die Sozialdemokraten glaubten, wie gesagt, in ihrer Mehrheit, die Religion werde von selbst absterben, und es sei falsch, die „Religionsfrage" aggressiv zu stellen. Aber auch die ‚bürgerlichen' Organisationen blieben, trotz eines gewissen intellektuellen Gewichts, relativ schwach. Die christlichen Restbestände waren bei ihren potentiellen Anhängern einstweilen noch stärker.

2. Säkularer Glaube

Eher unabhängig von all solcher offensiven Kritik am Christentum und der Formierung explizit atheistischer oder nichtchristlicher Positionen vollzieht sich so etwas wie ein religiöser Paradigmawechsel, die praktische Interpretation des Lebens gerät unter andere letzte Werte als die des Christentums – unabhängig davon, ob man mit dem Christentum bricht oder nicht. Wir können auch von einem Vordringen praktischer säkularer Sinnstiftungen, ja von Quasireligionen sprechen.

Die Meinung von Kirchenleuten, daß Geld, Wohlergehen und Lebensgenuß die neuen letzten Werte der Unkirchlichen seien, auch übrigens und manchmal gerade bei den ‚unteren' Schichten, führt nicht sehr weit. Das ist der Topos der Sündenpredigt seit eh und je. Gewiß gibt es die Abschwächung des Jenseits und die Aufwertung des Diesseits, die Abschwächung der Askese und die Verstärkung des Verlangens, womöglich etwas vom Leben zu haben, des Verlangens nach handhaftem

Glück. Aber für einen universalen Hedonismus waren die Mittel noch viel zu karg, der Zuschnitt des Lebens zu arm, waren die Schatten der Religion mit ihren großen idealen anti-egoistischen Ansprüchen noch viel zu lang und viel zu stark. Säkularen Sinn stiftete nicht das Wohlergehen und der Genuß. Dazu bedurfte es anderer, überhöhender Kräfte.

Zunächst sind es zwei bürgerliche Grundwerte, die gemeinsam oder isoliert in den Rang von letzten Wirklichkeiten rükken, sinnstiftend, überdauernd, die Gegenwart rechtfertigend und in die Zukunft übersteigend – innerweltliche Transzendenzen: die Arbeit und die Familie. Das immer schon Selbstverständliche, das zum Fristen und Überstehen des Lebens Notwendige wird zu einem Letzten. Wo der Horizont von Heil und christlicher Ewigkeit schwindet, in die das Leben gespannt ist, werden die Mittel – wie das Arbeiten – zum Zweck, zum Letzten, zum Selbstzweck, wird die Natur- und Kulturtatsache, verheiratet zu sein, Kinder und Enkel zu haben, zum Lebensinhalt, zur Lebenserfüllung. Man arbeitet nicht, um zu leben, sondern man lebt, um zu arbeiten, oder jedenfalls: Ein Leben ohne Arbeit, das Paradies der Arbeitsfreiheit ist keine positive Vorstellung. Arbeit also, für welchen individuellen oder sozialen oder kulturellen Zweck immer, für die Familie und die Kinder, die Nation, die Zivilisation, die Kultur, die Erhaltung der Ordnung oder den Fortschritt, das ist es, was eigentlich Lebenssinn stiftet. Und ebenso die Familie, die Kinder, in denen man überdauert, in Erinnerung, Erbe und biologischer Kontinuität, so bei Unternehmern und Bildungsbürgern, oder die Kinder, die es besser haben sollen, für die also man lebt und arbeitet, so bei Arbeitern und kleinen Leuten. Diese bürgerliche Disposition breitet sich weit aus in die Arbeiterschaft und ins Bauerntum hinein. Die Friedhöfe der Zeit mit ihren Grabsteinen geben beredtes Zeugnis davon, rhetorisch überhöht gewiß, aber doch ganz charakteristisch. Die Arbeit und die Familie, auch wenn sie im Grundsatz oder doch häufig Freude machen, Erfolg und Glück vermitteln, reichen über den individuellen Willen zu sich selbst, die Selbstverwirklichung oder den Egoismus hinaus, in der Arbeit und in der Familie wirkt man für andere. Das ist Erbe und Selbstverständlichkeit aus christlich-religiösen Überlieferungen. Und solch überindividueller Bezug gilt für alles, was Anspruch darauf machen kann, daß man dafür lebt, daß es Sinn und Dauer stiftet, daß es die Frustrationen und Kontingenzen, die Zufälle und das Scheitern und die Schicksalsschläge ertragbar macht. Also: die praktische Religion des Bürgertums ist zunächst die von Arbeit und Familie, und das dehnt sich weit in das Landvolk und die ‚respektable' Arbeiterschaft aus.

Dann gibt es das, was ich die politische Religion, den politischen Glauben nenne. Politik war im 19. Jahrhundert von einer Sache des Herrschaftsestablishments zur Sache aller geworden, zum Bereich intensiver, individueller Erwartungen und Hoffnungen. Innerweltliche Zukunft, durch den Rückgang der außerweltlichen Eschatologie freigesetzt, war eine Sache der Politik, Politik wurde ein Stück vom Lebenssinn. Das konzentrierte sich nun, nachdem es den Glauben an die Revolution nicht mehr gab, nachdem – in Deutschland! – der Glaube an den weltlich-geschichtlichen Fortschritt sich abgeschwächt und der an den Liberalismus, an die Ausbreitung der Freiheit als Aufgabe des Menschen und der Menschheit zergangen war, im Rahmen der bürgerlich bestimmten Welt im Glauben an die Nation. Der scharfsinnige moderne Theologe Franz Camille Overbeck hatte schon in den 70er Jahren von der ‚patriotischen Staatsreligion' seines Freundes Heinrich von Treitschke gesprochen, aber jener war nur der wortgewaltige Vertreter einer viel weiter ausgebreiteten Haltung, und sie verschob sich vom idealistisch gefaßten Staat auf das emotional eher zugängliche Vaterland, auf die Nation. Da war Heiligkeit, da war Identität, da war das Ganze, die Ewigkeit, die überindividuelle Dauer, da war die ‚Tiefe der Geschichte' und die Zukunft, Ursprung und Vollendung, da war die moderne überindividuelle Einzigkeit jenseits aller Zufälligkeiten. Nation war ein überindividueller Zusammenhang, der Lebenden, der Toten, der Kommenden, überstieg die Grenze zwischen Lebenden und Toten, vermittelte die Einheit des Einzelnen mit dem Allgemeinen. Der Einsatz für die Nation war Hingabe und Opfer, übers egoistische Interesse hinaus Einsatz für andere, für die Nächsten, war Liebe, war Brüderlichkeit. Nation fordert und lohnte zuletzt den Einsatz des eigenen Lebens. Nation und der Einsatz für die Nation gaben dem Leben über das Alltägliche hinaus einen letzten oder beinahe letzten Sinn. Das war im not- und arbeitsentlasteten Bürgertum stärker und erst recht bei der enthusiastischen Jugend, aber auch der Arbeiter, Sozialdemokrat und Gewerkschaftler Karl Bröger dichtete im Ersten Weltkrieg: „Nichts kann uns rauben / Liebe und Glauben / zu unserem Land. / Es zu erhalten / und zu gestalten sind wir gesandt. – Mögen wir sterben! / unseren Erben / gilt dann die Pflicht: / Es zu erhalten / und zu gestalten. / Deutschland stirbt nicht." Die Nation ist sakralisiert, sie ist mehr als rational erfaßbare Gemeinsamkeit, sie hat numinose Qualität, das Verhältnis zu ihr ist in einer existentiellen Krise weniger durch Nüchternheit als durch Enthusiasmus charakterisiert. Die ausgebreitete Symbolik der Nation, die Feste und Denkmäler, die Formen des nationalen Kultes, – das sind andere Hinweise auf den quasireligiösen Charakter. Darin befestigten sich Loyalität wie Abgrenzung.

Die andere politisch-säkulare Religion war noch immer die der Revolution, sie lebte in der Sozialdemokratie weiter. Die sozialdemokratische Subkultur war, anders als die bürgerliche, grundsätzlich ganz und faktisch sehr stark von Kirche und Christentum abgekehrt, auch da, wo kirchliche Riten der Lebensübergänge noch eingehalten wurden. Wir haben davon gesprochen. Aber nun: Die wahre Lehre war Gegenstand eines Glaubens, die Partei eine andere Kirche; die Arbeiter‚bewegung' deutete Gegenwart, Vergangenheit und Zukunft; das Endziel war Gegenstand der Hingabe und der Hoffnung und forderte Opfer; die Moral war die der Brüderlichkeit; die Bewegung, und das war die Partei, gewährte Trost und Geborgenheit und spannte das Leben und das Konkrete des Täglichen in die weiten Perspektiven, sie leistete das, was ehedem Kirche und Religion geleistet hatten. Bebels Bestseller ‚Die Frau und der Sozialismus' war, über die rationale Welt- und Gesellschaftserklärung hinaus, ganz eschatologisch bestimmt, vom

Zusammenbruch der alten Welt und der Vision der neuen besseren Welt des ‚Zukunftsstaates'. Darum auch hatten die Konflikte um Endziel und Wege den Charakter und die moralische Qualität von Glaubenskämpfen.

Für das gebildete Bürgertum gab es noch eine dritte Dimension, einen dritten Bereich säkularer Religion, innerweltlicher Transzendenz, gerade für die ‚unpolitischen' Deutschen: Das waren Bildung und Kunst. Neben der Arbeits- und Familienreligion und der politischen Nationsreligion steht die Bildungs- und Kunstreligion, elitär und mit einer schmalen sozialen Basis, in einer voregalitären Gesellschaft, aber für einen Teil der Führungsschicht wichtig genug.

Freilich, die Bildungsreligion des deutschen Idealismus und der Klassik und ihrer Nachfahren, in Humboldts Universität und der Gymnasialidee überliefert, bei einem großen alteuropäischen Gebildeten wie Jacob Burckhardt noch einmal voll präsent, verliert zwar nicht an Faszination, wohl aber an Realisationschance, so gewiß von heute her man nur neiderfüllt auf die Bildung und das Bildungsstreben der ‚gebildeten' Zeitgenossen sehen kann. Man nehme eine bedeutende, aber keineswegs herausragende Frau wie die Diplomatenfrau Baronin Hildegard von Spitzemberg. Das Leben in und mit der Bildung, die Aneignung der Kultur, der Vergangenheit wie mindestens des Wissens und des Denkens der Gegenwart, war ein Stück Lebensziel, Lebensinhalt, Lebenserfüllung, und in den studentischen Biographien jenseits der Korporationskultur spiegelt sich immer ein Abglanz davon. Das hatte Letzt-Wert-Qualität und insoweit einen religiösen Ton. Der Schmerz über den Verlust des Ganzen dieser Bildung und ihre Relativierung, wie sie in der Kulturkritik hervortreten, verraten gleichsam in der Umkehrung den quasi-religiösen Charakter dieses Bildungsglaubens.

Deutlicher fort dauert die Kunstreligion. Die Kunst faßt aufklärend, tragisch oder versöhnend den Sinn des Lebens, man vergewissert sich seiner im Umgang mit der Kunst, ja Kunst wird, wie inhaltserfüllt oder abgeblaßt immer, Gegenstand religiöser Verehrung. Wir können das zuerst natürlich reflektiert in der Kunstphilosophie großer Künstler und Philosophen greifen. Richard Wagner etwa ist dafür typisch: Kunst entlarvt den Lebenswillen und die Nichtigkeit der Erscheinungswelt, erhebt uns über Wahn, Tragik, Nichtigkeit. Sie offenbart das Weltgeheimnis, setzt die Liebe als Auflösung der Egoismen in Tod, Leiden und Entsagung, sie erlöst von der entfremdeten Welt, sie versöhnt und sie tröstet, und zwar gerade in Form der Musik. Die Erlöserfigur des Parzival, dieses christlichen Siegfried, frei von Sünde, Angst und Begierde, ist dafür charakteristisch, der Mensch kämpft nicht mehr um den Hort des Goldes, sondern tritt in das Reich des Grals, das Reich der Gnade ein. Das ist säkularisierte Christlichkeit. Das Mitleiden ist Gegenstand der Verkündigung, Kunst stiftet ein Sakrament, ja wird ein Sakrament. Das ist die eigentümliche Vorstellung von Glauben und Glaubenserneuerung durch ein Bühnenweihespiel, und es ist kein Zufall, daß der ‚Parzival' für bestimmte Bürgerkreise das Karfreitagsereignis wird, nicht mehr wie für die altmodischen Kunstreligiösen die Matthäus-Passion, beides freilich ersetzte den Kirchenbesuch. Kunst, so hatte schon der Ästhetiker und Kritikerpapst Friedrich Theodor Vischer im zweiten Drittel des 19. Jahrhunderts die Meinung der Schriftsteller und Künstler wie der gebildeten Bürger zusammengefaßt, ‚rette' den Kern der Religion, die für die Moderne mythologisch geworden sei, ja Kunst sei auf das Volk bezogen selbst Religion. Künstler sind es, die die letzten Fragen des Lebens deuten, Ziel und Sinn sagen, so war ihr Selbstbewußtsein, so die Publikumserwartung. Sie werden Lebensführer, sie weisen Wege zum Menschen oder zu einer neuen Gesellschaft, und insoweit bilden sie, wenigstens die Schriftsteller, ‚Gemeinden'. Auch Wagners späterer Gegner Nietzsche spricht der Kunst anstelle der Philosophie und der Wissenschaft die eigentliche Kompetenz zu für Aussagen über letzten und absoluten Sinn. Kunst lebt aus dem Willen zum Leben und zu seiner Ewigkeit jenseits von Gut und Böse, und sie stiftet eben damit jenen Willen zum Leben immer neu. Die großen Kunstrevolutionäre noch nach 1900, die sich gegen die rational-bourgeoise Kultur wenden, verstehen ihre Kunst als Religion: Franz Marcs Bilder wollen Symbole einer ‚Religion der Zukunft' sein. Das mögen hochzielende Interpretationen sein. Jede Analyse des Kunsthaushaltes der gebildeten Bürger, des Umgangs mit den Künsten zeigt doch ein Stück davon, zumal wenn man die Sensiblen, die Frauen und die Jugendlichen, nimmt. Das gilt aber auch für die Männer der Wirtschaftswelt, für die Kunst Kompensation ist: Kunst rückt in der Interpretation des Lebenssinnes mit dem Verblassen der Religion weit nach vorn und wird insoweit ein Stück Religion.

Schließlich gibt es die humanistisch reduzierte Form usprünglicher Religion jenseits christlicher Lebensmuster, aber doch übers pragmatisch Alltägliche hinausgehend, jetzt skeptisch-pessimistisch eingefärbt, ein typisches Phänomen der gebildeten oberen Mittelklassen. Die realistischen Schriftsteller, Wilhelm Raabe, Theodor Fontane und auch Paul Heyse sind wie die Tagebücher der Zeitgenossen dafür typisch. Auf der einen Seite: Das überlieferte Ethos christlicher Vorprägung hat sich relativiert, konkret etwa die Haltung zur Ehe oder im Grenzfall die zum Selbstmord; der überlieferte Glaube an eine ‚Vorsehung' relativiert sich ebenso, ja verliert jede Kraft, wird säkularisiert zur Vorstellung von einer unsichtbaren Hand oder dem unbegreiflichen Schicksal. Gerade angesichts der existentiellen Grenzerfahrungen, angesichts des Todes und anderer Schicksalsschläge z.B., wird das Schwinden der traditionellen christlichen Interpretationen in diesen Schichten sehr deutlich. Der noch angebotene ‚Trost' der Religion wird nicht mehr ernstgenommen. Das ‚Deutsche Requiem' von Johannes Brahms ist klassisch für diese nachkirchliche Bürgerlichkeit, es redet – mit den biblischen Texten – nicht mehr vom Gericht und vom Tod des Sünders, nicht mehr von ‚meinem Tod', sondern allgemein von der Vergänglichkeit; es zielt auf den Trost der Hinterbliebenen im Sinne des ewig Menschlichen. Kurz, es ist ein – leiser – Pessimismus ohne Transzendenz. Dabei geht dann auch die Fähigkeit, Leiden zu ertragen, zurück, ja am Rande kommt das moderne Phänomen einer metaphysischen Langeweile auf. Die vorherrschende Haltung freilich ist die einer resignativen Skepsis, man glaubt nicht an den Himmel und auch nicht an die Abgründe und nicht mehr an die großen Erlebnisse wie noch die Generation zu Beginn des 19. Jahrhunderts, man geht an

Interpretationen und Gegebenheiten mit zarter, leicht ironisch getönter Distanz heran – die Perspektive der Fontane-Figuren.

Dennoch, das wäre alles nur Vergehen der Religion. Aber es bleibt ein positiv-religiöser Rest. Das ist der Heroismus, das stille Ertragen der Dissonanzen des Lebens, noch einmal die Fontane-Haltung, das Sich-Einhausen in die kleinen Geschehnisse und Dinge des Lebens. Natürlich, es gibt in diesem normal bürgerlichen Ethos auch Reste des spezifisch Protestantisch-Christlichen, das Gewissen, das Verantwortungs- und das Pflichtgefühl, die Konzentration auf den Einzelnen und die Persönlichkeit, die Diskretion und die gezähmte Expression. Das bleiben auch nach dem Schwinden des Himmels Leitnormen und Werte dieser humanistisch spätzeitlichen Einstellung. Religion, im traditionellen christlichen Verständnis wird dabei ein Stück Altertum, zumeist freilich trotz der schwindenden Selbstverständlichkeit ein erhaltenswertes Stück; und gewiß bleibt Religion für die humanistischen Auswanderer ein Stachel, die christliche Lebensinterpretation ist, wie fragmentarisch immer, auch den Gebildeten lebendig. In einer Krisensituation wie z.B. im Ersten Weltkrieg, zeigte sich, wie das alles noch einmal Gewicht gewinnen konnte.

3. Außerkirchliche Religiosität

Neben diesen säkularen Transzendenzen und Quasi-Religionen gibt es seit der Jahrhundertwende besonders auffällig, eine außerkirchliche Religiosität, jedenfalls im bürgerlichen Milieu: keine Religion eigentlich, aber eine religiöse Gestimmtheit. Ich nenne das: ‚vagierende' Religiosität. Es gibt offenbar ein Bedürfnis nach ‚Religiosität'. Das hat von den Personen her zwei Wurzeln: Einmal sind es Theologen und Intellektuelle, und daneben auch das randkirchliche Publikum. Noch-Christen, die die Kirche kritisieren und mit ihr zerfallen, aber zugleich eine eigene religiöse Überzeugung propagieren, entsprechende Gruppen bilden, Stimmungen oder gar Kulte institutionalisieren und sich dabei auch mit außerchristlichen religiösen Antrieben verbinden. Dann gibt es die säkularen Nicht(-mehr-)Christen, die nicht mehr, wie all die älteren aufgeklärt philosophischen oder wissenschaftsgläubigen Rationalisten, mit dem Christentum aller Religion den Abschied geben, sondern eine postszientifische, postrationalistische Position im Zeichen Nietzsches oder des Ästhetizismus einnehmen und von da her ein neues Interesse an der Religion und an einer neuen säkularen Religiosität entwickeln, ganz christentumsfern, aber doch noch vom Stachel der christlichen Erinnerung angetrieben. Beides war für die nachdenklichen Menschen der Bildungsschichten von erheblichem Einfluß, gerade wenn man sich dem konventionellen kirchlichen Restchristentum verweigerte. Säkulare Religiosität tritt neben den pausbäckigen Atheismus und den resignativen Agnostizismus und die Formen des praktischen säkularen Glaubens. Und, typisch für all die Aufbrüche um 1900, diese Tendenzen, gerichtet gegen etablierte Religion oder Nicht-Religion, reichen von links bis rechts, manchmal auch wunderlich gemischt.

Wir nennen, ohne systematische Ansprüche, einige solche Phänomene. Der ehemalige Pfarrer Johannes Müller begründet, zuletzt in Schloß Elmau, Orte individualistisch-ästhetischer, religiös getönter und vor allem ‚persönlicher' Lebensgestaltung, und dergleichen gibt es mehr. Arthur Drews versuchte, naturwissenschaftlichen Monismus, romantischen Pantheismus und Idealismus zu einem bekenntnis-ungebundenen Christentum zusammenzufügen, und ähnlich die Brüder August und Ernst Horneffer, die vertiefte ‚Persönlichkeitskultur' und Allbeseelung, Lichtkult und immanente ‚Erlösung' verbinden wollten. Der Verleger Eugen Diederichs war ein Sammelpunkt solcher Erneuerungsbestrebungen einer ‚religiösen Kultur', einer schöpferischen Umwandlung des Christentums in eine undogmatische Geistreligion, gegen den Intellektualismus und Historismus der Wissenschaften und gegen den Liberalismus, der alle existentiellen Erfahrungen und Krisen mit Beliebigkeiten und Durchschnittlichkeiten des gesunden Menschenverstandes zudeckt.

Es ist kein Zufall, daß er zuerst Sören Kierkegaard auf deutsch einbürgert und daß einer der Väter der Dialektischen

Theologie der Zwanziger Jahre, Friedrich Gogarten, zuerst bei ihm publiziert. Neu-idealistische Weltanschauungsphilosophen haben in ihrem Bemühen, ‚das Geistige' gegen Materialismus, Positivismus, Empirismus und Psychologismus wie gegen jeden ‚Dogmatismus' wieder neu zu begründen, eine Philosophie und Ethik der Kultur, gebildete Versionen des Kulturprotestantismus entwickelt, so der berühmteste akademische Popularphilosoph und Nobelpreisträger, der Neu-Kantianer Rudolf Eucken, oder die beiden theologisch-philosophischen Erneuerer des Hegelianismus, Adolf und Georg Lasson.

Von seiten der alten ‚Linken' kommt z.B. Wilhelm Bölsche her, ursprünglich Naturalist und Anhänger Haeckels, aus der Kirche ausgetreten: Er popularisiert um die Jahrhundertwende den Monismus in seinen pantheistisch-naturmystischen (und außerordentlich erfolgreichen) Büchern wie ‚Das Liebesleben in der Natur' oder ‚Schöpfungstage', anti-(oder a-)christlich, aber nicht mehr vor allem rationalistisch-wissenschaftlich, sondern voll von Welt- und Allfrömmigkeit, und ähnlich ein anderer Altnaturalist und Sozialdemokrat, Bruno Wille, mit seinen ‚Offenbarungen des Wacholderbaums', 1901, und anderen dann vor allem popular-astronomischen Büchern. Und auch die Schriftstellerei des Waldemar Bonsels mit dem Generationenbuch der ‚Biene Maja' ist für solche Richtung ein andermal charakteristisch.

Dann gehört in diesen Zusammenhang natürlich Rudolf Steiner, aus der indisch geprägten ‚Theosophie' kommend, nachdem er zuvor auch Haeckels Monismus angehangen hatte. Er hat die Anthroposophie entwickelt (1913 ‚Anthroposophische Gesellschaft'), als religiöse Weltanschauung, synkretistisch aus kosmischem Pantheismus und einer sich auf Goethe berufenden spiritualistischen Deutung der Natur, humanistischer Ethik, der Kunst der ‚Eurhythmie'. Da hinein wird dann auch Christus als kosmisch gedeuteter stärkster Impuls der Geschichte und als Impuls zur Lebenswahrheit eingebracht. Unter Steiners Einfluß hat der liberale fränkische Pfarrer Friedrich Rittelmeyer (1922 freilich erst) die ‚Christengemeinschaft' gegründet. Beide haben beträchtlichen Einluß in der verunsicherten Bildungswelt, beide sind typisch für die Mentalitätslage vor 1914. Weltseele und Weltgeheimnis waren Faszinationsworte für solche theosophischen Stimmungen, die manchmal bis zum Okkultismus reichen.

Von späterher wichtig sind dann alle die, die als Kulturkritiker und Germanenschwärmer auf irgend etwas wie ‚deutsche' und ‚völkische' Religion hinaus wollten. Da gibt es, gerade in den Kreisen um Eugen Diederichs, viele Übergänge. Zuerst ist hier die Kultur- und Fortschrittskritik des großen Orientalisten und ursprünglichen Theologen und Religionslehrers Paul de Lagarde zu nennen (‚Deutsche Schriften', zuerst 1878/81): Kulturpessimismus im Umschlag zum Nationalismus und gegen allen mehr und minder demokratischen Liberalismus. Lagarde richtet sich ebensosehr gegen die Mechanisierung und Rationalisierung des Lebens wie gegen die Kirchen und das Christentum. Das von Paulus geprägte Christentum hat das Evangelium Jesu entstellt und die johanneische Fassung zurückgenommen, es hat, das war alte idealistische Kritik, das Gegebene und Gewesene zur Basis des Glaubens gemacht, wo doch die Gegenwart und gerade nicht die Vergangenheit für das Leben bitter nötig ist, es hat den Anti-Judaismus Jesu, die Anti-Gesetzlichkeit zurückgenommen. In dieser Kritik steckt jene neue eigentümliche Frömmigkeit, die mehr Sehnsucht nach Religion als Religion selbst ist. Und mit diesem kirchen- wie zeitkritischen Doppelansatz verbunden ist dann die wilde Opposition gegen den Staat Bismarcks, gegen den Götzendienst am Staat, gegen die Pfarrer als Staatslakaien, und die wilde Opposition gegen die Gesellschaft der Gründerzeit, das liberale, das kapitalistische Bürgertum. Gegen all diese ‚Übel' dann steht die emphatische Verkündung eines wahren deutschen Volkstums, nationale Identität ist das eigentliche Heil der Zeit. Nicht auf die gegenwärtige unvollkommene Nation, sondern auf die zukünftige kommt es an. Diese Nation ist nicht mehr ‚nur' geschichtlich, nicht bürgerlich, nicht patriotisch und gar staatlich, sondern sie ist ‚völkisch', insofern auch antisemitisch, geprägt. Diese zukünftige Nation bedarf der Religion, dazu gehört Lagardes antipaulinisches Jesusbild, Jesus, die Inkarnation von Energie, Selbstvergewisserung, Stärke, das Gegenbild zu dem durch Paulus geformten Christus der Kirchen. In gewisser Weise aber ist diese Nation zugleich und darüber hinaus selbst Inhalt der Religion. Und so sehr Lagarde gegen den Katholizismus des Meßopfers streitet, so sehr doch auch gegen den Intellektualismus der Protestanten. Ihm geht es um eine deutsche ‚Religion der Zukunft'. Die Deutschen müssen von ihrem undeutschen Establishment und ihrer undeutschen Bildung und Religion befreit werden. ‚Nicht gläubig, sondern fromm', das ist das Ideal, das Göttliche in jedem Leben, Gesinnung und Ethos, nicht Dogma. Es verdient der Erwähnung, daß der große Liberale Ernst Troeltsch diesem konservativ-revolutionären Lagarde eines seiner bedeutenden Bücher gewidmet hat.

In Lagardes Geist hat das dann Julius Langbehn fortgesetzt, der „Rembrandt-Deutsche" mit seinem Erfolgsbuch ‚Rembrandt als Erzieher' (1890), Bibel und Kultbuch so vieler Lebensreformer und Jugendbewegter dieser Jahrzehnte, kulturpessimistische Zivilisationskritik und Erneuerung einer innerlichen Frömmigkeit aus dem deutschen Volkstum, politisch rechts, aber neu, oppositionell. Dahin gehört auch, wenn auch nur am Rande, der aus dem Bayreuther Kreis hervorgegangene Houston Stewart Chamberlain, dessen antisemitische Deutung der Weltgeschichte ‚Die Grundlagen des 19. Jahrhunderts' 1899 zu einem anderen Bestseller wurde. Die germanische Rasse sollte gegen die orientalisch- und modern-semitische wie gegen die katholische Kultur eine neue germanisch-protestantische Kultur schaffen. Jesus, Luther, Kant, Goethe und Wagner, das waren die Ahnherren, das Ganze war eine eigentümliche Verbindung von Biologismus und Idealismus. Der schon erwähnte Arthur Bonus hat ähnlich einen ‚Deutschen Glauben' (1897) und die ‚Germanisierung des Christentums' (1911) gefordert. ‚Volk', das eigene Volk, das ist all diesen Leuten die unbedingte Realität und Forderung, der absolute Wert gegen Identitätsverluste, es ist das Ganze, das bindet, Ehrfurcht fordert, uns mit dem Schicksal, mit Gott in Beziehung setzt. Und es ist das von der höheren, der germanischen Rasse bestimmte eigene Volk.

Das sind die Anfänge einer neuen, nun eindeutig außerkirchlichen völkischen Religiosität, eine Art natürliche Religion, die zunächst freilich noch durch Uminterpretation mit dem Christentum verbunden schien. Aber im Kreis der vielen anderen war das vor 1914 nur ein Flügel, deutlich noch Minderheit.

Bei den vielen Gründern und Propheten, Suchern und Reformern der Zeit ist diese vagierende Religiosität latent und auch aktuell, sie richtet sich gegen den positivistischen Determinismus, die Entseelung der Welt, die Auflösung aller Bindungen, und sie ist Wendung zu einem Absoluten, zu Urwerten. All die Lebensreformer und Jugendbewegten haben den emphatischen religiös-eschatologischen ‚Ton', sie leben ‚in der Zeit der Sonnenwende', in Erwartung, herein bricht das Neue (so heißt es auf einem Kunsterziehertag). Der Jugendstil-Popartist Fidus mit seinem berühmten ‚Lichtgebet' ist dafür typisch. Das war das Kultbild einer ganzen Generation.

Religion war ein Thema aller Lebens- und Reformreflektierer. Aber auch Wissenschaft und Philosophie, solange doch der Religion feindlich, entdecken um die Jahrhundertwende die Religion neu als Phänomen und Gegenstand der Reflexion. Lebensphilosophie und Phänomenologie sind da führend. William James entdeckt die psychisch-irreduzible Tatsache ‚religiöse Erfahrung'; die Religionswissenschaft wie die neukantianische Philosophie von Hermann Cohen und Heinrich Rickert oder der Theologe Rudolf Otto das anthropologische Urphänomen Religion. Und der schärfste Diagnostiker des Zeitgeistes, Philosoph und einer der Väter der Soziologie, Georg Simmel, hat 1906 die Religion als säkulares Phänomen analysiert, als Verfassung der Seele, als Verehrung des Lebens und der Welt; Max Weber – der größte Geist der Jahrhundertwende jenseits der Naturwissenschaften – schließlich hat Wirtschafts-, Gesellschafts- und Lebensformen aus der Religion und ihren Normen der praktischen Lebensführung verstanden und erklärt.

Innerhalb dieses Rahmens wird Mystik als eine ‚Urtatsache' wichtig; Martin Buber sammelt 1909 ihre ‚ekstatischen Konfessionen', bei dem Germanisch-Deutschen wird Meister Eckhart eine Leitfigur. Und all die Mythen, von China über Indien bis zum skandinavischen ‚Thule', all die archaischen Religionszeugnisse werden, z. B. von Eugen Diederichs, einem begierigen Publikum präsentiert. Es gibt einen neuen Sinn für Mythos und Mystik, für Gott, für die Tiefe der Welt oder des Seins, für das Evangelium der Dinge, dafür muß man Gefühl und ästhetischen Sinn haben. Auswanderung aus der Kirche und Interesse an einer allgemeinen Religiosität, das bestand zusammen. Denn die kirchliche Theologie, die doch Gesamtinterpretation der menschlichen Erfahrung zu sein beanspruchte, konnte das im Zeitalter der Wissenschaften anscheinend nicht mehr leisten. Religion und wissenschaftliche wie technisch-praktische Welterfahrung brachen auseinander, in diesem Bruch etablierten sich andere Lebens- und Weltdeutungen.

An der Literatur kann man die unterschiedlichen Dimensionen des Problems noch einmal gut erkennen. Die Literatur stand ursprünglich in hohem Maße im Zeichen der Opposition gegen die überlieferten Ordnungen und Werte der Religion, war Literatur der Emanzipation; christliche Religion und christliches Ethos waren ein Hauptziel ihrer Kritik. Und dann präsentierte Literatur auch den Verlust der Religion, den Verlust von Himmel und Hölle und von Glauben, provokativ, zynisch, trauernd, das war der Nihilismus. Literatur aber stellt im Beginn des Jahrhunderts endlich selbst religiöse Ansprüche, verkündet ihr Evangelium, stiftet eine Art Religion. Oder sie bekommt doch einen religiösen Ton.

Das gilt zunächst und besonders frappierend für die Lyriker. George benutzt katholische Themen, von den Engeln und Madonnen bis zu Leo XIII., und Melchior Lechter stilisiert seine Bücher wie mittelalterliche Sakral- und Liturgiebücher. Schließlich stiftet er über die Vergottung Maximins einen ästhetisch-religiösen Kult. Die Feierlichkeit der Form bekommt etwas Sakrales, und die Gestalten der Geschichte werden sakral aufgefaßt, die Leser und Anhänger werden zu einer Gemeinde. Rainer Maria Rilke schreibt mit dem ‚Stundenbuch' und den ‚Geschichten vom Lieben Gott', ja auch mit dem ‚Malte', mystisch-religiöse Breviere; biblische und katholische Stoffe werden in eine Religion der Weltfrömmigkeit verwandelt, das Symbol des Christus der Armut etwa wird ein säkulares Thema. Rilke verkündet das Evangelium der Dinge, über allen Ästhetizismus hinaus weithin repräsentativ wirksam für jene säkularreligiöse Stimmung. Und jenseits dieser Weltliteratur: Der Stardichter der Jahrhundertwende, Richard Dehmel, tendierte in seiner emphatischen Lebensfeier zur Sakralisierung des Lebens. Andere Dichter bemühen sich in der entgötterten und entfremdeten Welt um neue Mythen, so Alfred Mombert, Theodor Däubler oder Rudolf Pannwitz. Rudolf Alexander Schröder erneuert den Choralstil, die expressionistische Lyrik von Ernst Stadler oder Georg Trakl ist – religiös.

Ähnliches ist auch in der dramatischen Literatur zu finden. Hugo von Hofmannsthal erneuert 1911 mit dem ‚Jedermann' das Mysterienspiel, und der große Max Reinhardt führt es auf – ein Theaterereignis. Schon Gerhart Hauptmann hat seit der ‚Versunkenen Glocke' religiöse Symbole verwendet. Archaisches und Mythisches rücken ins Zentrum des Interesses. Selbst Frank Wedekind, Außenseiter doch scheinbar in jeder Hinsicht, propagiert die sexuelle Liebe als Religion, „ohne Religion könnte ich keine Minute leben". Und das expressionistische Drama ist voll religiöser Gestalten, Symbole, Probleme. Selbst Hans Pfitzners Oper ‚Palestrina' aus dem Ersten Weltkrieg, von Thomas Mann als Epochenwerk empfunden und gefeiert, gehört hierher: Sie ist nicht nur vom Thema, sondern vom Gehalt her ein religiöses Werk.

Auch die Prosa, der Roman vor allem, spiegelt die neue Religiosität, lebt mit und aus ihr, befördert sie. In der sogenannten ‚Heimatkunst' spielen die Anfänge einer ‚völkischen' Religion eine Rolle, im ‚Oberlin' des Friedrich Lienhart, beim Ex-Theologen und Nietzsche- und Naumann-Adepten Gustav Frenssen (‚Jörn Uhl') noch moderat, entschieden völkisch-germanisch mit dem neuen ‚Krist' in Hermann Burtes ‚Wildfeber, der ewige Deutsche' (1912), einem Kultbuch jugendbewegter ‚konservativer Revolution'. Aber das ist nur eine Richtung. Ganz allgemein fällt die große Zahl der Gott- und Sinnsucher- und Ketzerromane auf: mystisch-pantheistisch zumeist. Erwin Guido Kolbenheyer mit ‚Amor Dei' 1908 (einem Spinozaroman), mit

‚Meister Johannes Pausewang' 1910 (Jakob Böhme), mit ‚Paracelsus' (I, 1917), die Romane von Hermann Stehr, aber auch – um die falsche Verortung: deutsche Innerlichkeit abzuwehren – Max Brod ‚Tycho Brahes Weg zu Gott' (1916) oder Gerhart Hauptmanns Preis des entfesselten Eros, ‚Die Ketzer von Sosana' (1918). Jesus, wo er vorkommmt, ist nicht mehr der sozialpolitische Volksmann der Naturalisten, sondern der prophetische Übermensch und Lichtverkünder, ist ein Franziskus der Innerlichkeit oder ein germanischer Edel-Reiner. Und schließlich klassisch für die religiöse Säkularität ein Welt-Genie: der gerade in Deutschland so wirksame Knut Hamsun, der das Evangelium der Liebe und der Natur, der Arbeit und des Segens der Erde – des Lebens feiert und verkündet.

Kurz, nach 1900 gewinnt sehr viel Literatur eine religiöse Dimension, im Zeichen Nietzsches, in der Abkehr von der bestehenden Kultur und Gesellschaft, in der Enttäuschung am rational Gesellschaftskritischen, in der Vision eines neuen Lebens, postmodern und mythenversessen, Religion auch gegen alle Status-quo-Institutionen. Gewiß, darin mischt sich vieles, lyrische Stimmung, Patina des Alten und bloße Dekoration, vages wesenloses Schweifen, Heidnisches und Christliches, Modernes, Idealistisches und Völkisches. Aber das gerade ist charakteristisch.

Diese Literatur, hochintensiv, wie sie war, wollte die säkulare Welt sakralisieren. Das war gewiß zunächst ein ästhetisches Programm, aber das zielte übers Ästhetische hinaus auf eine Veränderung des Lebens und vielleicht gar der Welt.

Die vagierende Religiosität war eine Antwort auf Krisengefühle der Zeit, auf die Verunsicherung durch Modernisierungsverluste, auf die Zweifel an den etablierten Sicherheiten, auf die Gefährdung der Personalität und der Kultur der Autonomie durch die ‚ehernen Gehäuse' der modernen Zivilisation. Die überlieferte Religion hatte, so schien es diesen Menschen, demgegenüber keine Kraft mehr, aber auch die Gegentradition der aufgeklärten Rationalität war seit Nietzsche unglaubwürdig, sie hatte ja in jene Krise der Modernisierung hineingeführt. Daß nun damals für viele Religiosität eine Antwort war, anders als für die meisten heute, hat, so meine ich, vornehmlich drei Gründe.

1. In einer Welt der Knappheit, wie sie alles normale bürgerliche Leben damals noch prägte, konnte die Antwort von heute, nämlich der Narzißmus der individuellen Selbstverwirklichung und gar der Genußerfüllung, nicht aufkommen.

2. In der deutschen Gesellschaft waren die meisten Probleme und Konflikte institutionell-bürokratisch geregelt; praktische Politik war sekundär im Obrigkeitsstaat und in der Kultur der Unpolitischen. Offen aber war darum die Kultur, und eigentlich nur sie. Darum war der Erwartungsdruck gegenüber der Sinnproduktion dieser Kultur so groß.

3. Die kirchliche Religion war noch nah, die Fragmentierung der Lebenswelt und der Relativität der Werte wurden noch, neu wie sie waren, erlitten, Lebensdeutung maß sich am bisherigen religiösen Anspruch auf Universalität, auf über-individuelle Verpflichtung und feste Wertordnung. Nur eine neue Religiosität konnte, so schien es diesen Menschen, die traditionelle Religion wie den traditionellen Rationalismus ablösen und zudem die Schrumpfform des konventionellen Restchristentums ersetzen.

Wichtig ist festzuhalten, daß jene vagierende Religiosität keine Fluchtform war und keine Wendung gegen die Moderne. Die Lebens- und Kulturreformer von 1900 verbanden durchaus praktische Reformen, Überwindung des Wilhelminismus, vernünftige rationale Erneuerungen und Fortarbeit am Aufklärungserbe mit jener religiösen Gestimmtheit; sie trug auch die Gemeinsamkeit derer, die später rechts oder links waren, im Aufbruch gegen eine verkrustete Welt.

Daß diese Tendenzen aus dem Protestantismus kamen, ist leicht verständlich. Die Protestanten waren die Unruhigen und die Reflektierer, sie waren anfällig für Modernität, für den Zeitgeist und seine Trends, waren reserviert gegen die Kirche und deren Institutionalisierungen des Lebens, sie waren stärker den Krisen und Verlusten der Modernität ausgesetzt, waren mit der lutherischen Bindung des Gewissens ans Wissen zuerst für die szientistische Religionskritik und dann die Nietzsches und seiner halbwissenschaftlichen Adepten so empfänglich und zugleich hungrig nach säkularen Überzeugungen. Hier liegt die tiefere Basis für die gemeinsamen Werte, die liberale Kulturprotestanten, die Anhänger der praktischen säkularen Glaubensüberzeugungen und die Adepten der neuen Religiosität miteinander verbanden.

Das war auch Teil des Selbstverständnisses der Mehrheit der Zeitgenossen, der geborenen Protestanten wie der polemischen Katholiken. Der Nicht-Christ Thomas Mann fand, Max Webers These über den Zusammenhang von Protestantismus und Kapitalismus sei ihm eigentlich immer selbstverständlich gewesen und sein Thomas Buddenbrook sei ein Erzprotestant wie Goethes Faust, wie die modernen Menschen überhaupt, nervös und/oder der Leistung verschrieben, die nervösen, die Leistungsmenschen. So wie Charles Maurras, der Begründer der Action française, auf eine entsprechende Frage geantwortet hat, er sei Atheist, aber natürlich – Katholik, so hätten zahllose deutsche Bürger zwischen Thomas Mann und Max Weber gesagt, sie seien Agnostiker (Atheist war in Deutschland nicht ‚fein'), aber natürlich – Protestanten. Und ihre Normen und Werte waren protestantisches Erbe: Der Primat der autonomen Personalität, der Ton auf Gewissen und Verantwortung, die Zähmung der Expressionen, das heroische Ertragen der Dissonanzen. Kurz, der Schwund an Kirchlichkeit hat die religiöse Lebensprägung noch nicht entmächtigt.

V. Schluß

Wir haben drei ‚religiöse' Großgruppen uns vergegenwärtigt. Zwischen ihnen liefen die Trennlinien und auch die möglichen Verbindungen. Freilich, zwei dieser ‚Lager' waren nicht einheitlich: Die Protestanten waren durch den Gegensatz zwischen Liberalen und Positiven gespalten und die Unkirchlichen in die Religiösen, die dezidierten Antireligiösen und die schweigsamen Praktizierer einer Form des säkularen Glaubens. Wir haben gesehen, wie die protestantische Kultur und die protestantische Sozialmoral selbst über die Grenzen der Randkirchlichen hinausgriff, auf die nur noch nominell der Kirche Zugehörigen, ja auf die dezidiert Un- und Antikirchlichen. Das erklärt ein wichtiges Phänomen, das sich nach unserem Durchgang nun in der Vogelperspektive erst zeigt. Eigentlich, objektiv, gab es einmal den Gegensatz der Konfessionen und zum anderen: den mindestens so starken Gegensatz zwischen Christen und Nicht-Christen oder Nicht-mehr-Christen, gab es den Gegensatz derer, die sich zum einen oder anderen Lager jedenfalls rechneten. Insoweit gab es eine Dreiteilung der deutschen Gesellschaft. Aber in der deutschen Wirklichkeit war das anders. Nur für die sozialdemokratische Arbeiterschaft war gegenüber christlichen Arbeitern und gegenüber ‚den' Bürgern der zweite Gegensatz zentral. Für alle anderen, Bürger und Bauern und Nicht-Sozialdemokraten überhaupt war der Konfessionsgegensatz ungleich wichtiger als jener doch auch fundamentale Gegensatz zwischen Christen und Nicht-Christen. Jeder, der sich der Zeit und ihrem Stil nähert, stößt auf die ungeheure Schärfe des konfessionellen Antagonismus und seiner Rhetorik. Er bestimmte das Leben und den Stil, vom Schulbesuch übers Heiraten und die Tragödien, wenn eine Liebe an der Konfessionsverschiedenheit auflief, bis zu den geselligen Kreisen. Darum gab es so viele Katholikenfresser und so viele Protestantenfresser. Trotz Kooperation und Koexistenz im Beruf, in der Praxis, im Geschäftsverkehr, in den Parlamenten – die Konfessionsspaltung und -spannung war eine der fundamentalen alltäglichen und vitalen Grundtatsachen des deutschen Lebens. Bei den schlichteren Gemütern unter den geborenen Protestanten, die jene esoterischen Kulturtheorien von Max Weber oder Thomas Mann nicht teilen konnten, schrumpfte der nicht mehr eigentliche Protestantismus auf Antikatholizismus zusammen; beides hielt dann einander am Leben: Weil man protestantisch geboren war, blieb man anti-katholisch und weil man anti-katholisch war, fühlte man sich ‚protestantisch'. Dazu war die Abneigung gegen die Sozialdemokratie beim nicht-katholischen Normalbürger mit einer nicht mehr religiösen Bindung an den ‚Protestantismus' als Kultur- und Ordnungsmacht versetzt. Darum war z.B. 1918/19 der Angriff der – insoweit naiven – Sozialdemokraten auf die Rolle der Kirche in der Schule so ungeheuer provokativ für das ganze und keineswegs nur das betont kirchliche Bürgertum.

Die Konfessionsspaltung also bleibt auch in der Auswanderung aus den Konfessionen eine entscheidende Wirklichkeit des deutschen Lebens, des Denkens, des Selbstverständnisses. Und sie bleibt eine entscheidende Wirklichkeit der Politik.

Von Staat und Parteien, von den großen Themen der Politik: der Verfassung, der Nation und der sozialen Frage haben wir gesprochen. Hier soll es zuletzt um etwas anderes gehen. Eines der großen, der entscheidenden Strukturprobleme für eine werdende deutsche Demokratie, für die Bildung nationaler Parteien und für die Bildung eines Grundkonsenses, auf dem sich ein parlamentarisches Regierungssystem entfalten konnte, war die besonders ausgeprägte Heterogenität der deutschen Gesellschaft, die Disparatheit von kulturellen und sozialmoralischen Milieus. Natürlich, Regionalismus, Stadt/Landgegensätze, Klasseninteressen und -strukturen spielen dabei eine wesentliche Rolle, und dann die Bildung politischer, ideenpolitischer Traditionen. Aber der konfessionelle Dualismus hat die geschichtlich gewordenen Disparatheiten des vielgestaltigen Deutschland nach 1871 entschieden konserviert, ja unter den

Bedingungen der Moderne verschärft. Der konfessionelle Dualismus als politisches Grundfaktum wirkte lang über die Abschwächung der Konfessionsbindungen hinaus.

Jeder weiß es natürlich: Die Tatsache, daß es in Deutschland eine katholische Partei, das Zentrum eben, gab, quer zu den durch sozialökonomische Interessen und politische Ideen geprägten Unterschieden, bestimmt das Parteiwesen seit 1871 und bis 1933, ja noch in die Entstehungsjahre der Bundesrepublik hin. Eine protestantische Partei dagegen konnte es nicht geben. Die lutherische Distanz zur konkreten Politik, der enge Bezug der Kirchen zur Monarchie, das Fehlen einer antikirchlichen Mehrheit, wie in Holland und der Schweiz, die Spaltung des Protestantismus in Konservative und Liberale standen dagegen. Aber es gab den virulenten und mächtigen Antikatholizismus. Jedenfalls, die konfessionelle Prägung der Politik hat das bürgerlich-liberale Element in Deutschland wesentlich geschwächt, man engagierte sich an anderen Fronten und integrierte sich anders: katholisch, protestantisch, und noch einmal: positiv- oder liberal-protestantisch. Die Konservativen, aber vor allem die Liberalen, waren gespalten, zweigeteilt. Die Liberalen gerieten in den Quasizwang einer Koalition mit den Konservativen der eigenen Konfession. Das kam, ungewollt zumeist, den Status-quo-Tendenzen zugute. Nationalprotestantismus und Ghetto-Katholizismus hatten daran wechselseitig Anteil.

Noch eine andere Wirkung des Dualismus ist hervorzuheben. Die Konfessionsspaltung und freilich die protestantisch-lutherische Sondertradition haben bewirkt, daß die deutschen Parteien so stark von Ideen und Theorien und Weltanschauungen bestimmt waren, die politische Kultur von ‚Glaubensbekenntnissen', wie es in den Wahlkämpfen immer wieder hieß, und vom Rigorismus. Die Ideologisierung und die damit verbundene Emotionalisierung politischer Gegensätze waren normal, Pragmatismus und Kompromißbereitschaft hatten es schwer; „sie kompromittieren sich von Kompromiß zu Kompromiß", urteilte der Linksliberale Eugen Richter über die rechten Liberalen. Als die kirchlichen Bindungen des Protestantismus sich abschwächten, war die Neigung zu politischem Glauben, zu politischen Heilsmythen oder Ersatztheologien groß.

Dazu kam anderes, das wird im Vergleich mit anderen Gesellschaften deutlich. Weil die religiösen Bindungen im zweikonfessionellen Deutschland stärker waren als in Frankreich, und mit dem modernitätsgeneigten Luthertum schwächer als in den angelsächsischen Ländern, ja weil der Protestantismus so wenig institutionell gehalten und so stark reflektiert war, war die Labilität der deutschen Protestanten in den Spannungen zwischen Modernität und Tradition größer als in den westlichen Ländern. Weder die positivistische Modernität Frankreichs noch die eigentümlich unverbundene Koexistenz von Religion und moderner Welt in den angelsächsischen Ländern war hier möglich. Das schlug aufs Politische zurück. Die Anfälligkeiten für die politischen Varianten der vagierenden Religiosität waren größer.

Die Aufbrüche der Zeit vor 1914 waren, so haben wir zu zeigen versucht, religiös mitgeprägt. Und die traditionellen religiösen Dissense haben diese Aufbrüche gerade mit ermöglicht. Politisch aber haben diese Dissense jene Aufbrüche gerade neutralisiert und gezähmt. Das war ein Stück Tragik.

Große Veränderungen zwischen Tradition und Moderne haben in den Jahrzehnten um die Jahrhundertwende die Konfessionen und die nicht mehr Konfessionellen wie die Anti-Konfessionellen ergriffen. Das war nicht nur ein religionsgeschichtliches Faktum, denn die ganze Wirklichkeit der Zeit – die Mentalität, die gesellschaftlichen Strukturen und die Politik – war noch religiös durchgeprägt. Die großen Umbrüche der Religion wie der säkularen Welt standen in Wechselwirkung, über das Wollen und Wissen der Menschen hinaus.

Bibliographie

Diese Bibliographie gibt nicht über Quellen und Literatur überhaupt Rechenschaft; sie ist nicht für Fachleute bestimmt, sondern für den „normalen" Leser, wenn er vielleicht, neugierig geworden, mehr wissen will. Die Bibliographie ist ohne jeden Anspruch auf Vollständigkeit, sie beschränkt sich vornehmlich auf Bücher und läßt die vielen Aufsätze zumeist beiseite; sie konzentriert sich auf deutsche Veröffentlichungen und auf die neueren, nicht weil die immer besser sind, sondern weil der Leser in ihnen die „ältere Literatur" verzeichnet und oft auch kommentiert findet. Insgesamt ist die Forschung und die historische Darstellung auf dem Gebiete des Katholizismus ausgebreitet und gut, auf dem des Protestantismus bescheidener und noch ausreichend, auf dem Gebiet der „Unkirchlichen" ganz unbefriedigend.

Allgemeine Literatur

Zum Nachschlagen sind die großen weit verbreiteten Speziallexika immer gut: Die Religion in Geschichte und Gegenwart (evangelisch). 3. Aufl., 1957–62; Lexikon für Theologie und Kirche (katholisch). 2. Aufl. 1957–65; Staatslexikon. Recht-Wirtschaft-Gesellschaft (katholisch). 7. Aufl. 1985–87, noch unabgeschlossen, sonst ältere Auflage; Evangelisches Staatslexikon in 2 Bänden. 3. Aufl. 1987; Evangelisches Soziallexikon. 7. Aufl. 1980.

Konfessionsübergreifende Gesamtdarstellungen in weitem Rahmen: R. Kottje/B. Möller (Hg.): Ökumenische Kirchengeschichte. Bd. 3, 1979². – Das in Lieferungen erscheinende (evangelische) Werk: Die Kirche in ihrer Geschichte wird in seinen relevanten Einzelteilen unten angegeben. – Stark mit der allgemeinen und zumal der Sozialgeschichte verbunden: Leif Grane: Die Kirche im 19. Jahrhundert. 1987; und M. Greschat: Das Zeitalter der Industriellen Revolution. Das Christentum vor der Moderne. 1980; dieses Buch von Greschat ist ziemlich einseitig auf die soziale Frage und eine sehr heutige Perspektive ausgerichtet. – Ein älteres Werk, bis in die Traditionen des liberalen Protestantismus vor 1914 zurückreichend, besonders interessant und anregend durch seine geistesgeschichtliche Behandlung der ‚Unkirchlichen' ist noch immer: H. Hermelink: Das Christentum in der Menschheitsgeschichte von der Französischen Revolution bis zur Gegenwart. Bd. III (1870–1914), 1955. – Zur Geschichte der Religion in Deutschland im früheren 19. Jahrhundert: Th. Nipperdey: Deutsche Geschichte 1800–1866 (Teil IV.1). 3. Aufl. 1985.

Weiterhin nenne ich Werke, die konfessionsübergreifend, wenn auch manchmal mit deutlichem Schwerpunkt, einzelne politik- und sozialgeschichtliche Sachverhalte behandeln:

Zu Staat und Kirchen

E. R. Huber: Deutsche Verfassungsgeschichte seit 1789. Bd. IV, 1969; E. R. und W. Huber: Staat und Kirche im 19. und 20. Jahrhundert. (Dokumente) Bd. II und III (1848–1918). 1976/83.

Zur Partei- und Ideengeschichte

G. Rüther (Hg.): Geschichte der christlich-demokratischen und christlich-sozialen Bewegungen in Deutschland. Bonn 1987[2] (weitausgreifend und nützlich); Deutsches Handbuch der Politik. Bd. III: Geschichte der sozialen Ideen in Deutschland. 1968 (darin F. J. Stegmann über Katholizismus und F. Karrenberg über Protestantismus).

Zur „Sozialen Frage"

G. Brakelmann: Die soziale Frage des 19. Jahrhunderts. Band 2: Die evangelisch-soziale und die katholisch-soziale Bewegung. 1981[7]; M. Schneider: Die christlichen Gewerkschaften 1894–1933. 1982 (umfassend); Brose, Eric D.: Christian Labor and the Politics of Frustration in Imperial Germany. Washington D.C. 1985; H. D. Denk: Die christliche Arbeiterbewegung in Bayern bis zum 1. Weltkrieg. 1980 (exemplarische Regionaluntersuchung); H. J. Brandt: Kirchliches Vereinswesen und Freizeitgestaltung in einer Arbeitergemeinde. 1872–1972: Das Beispiel Schalke, in: G. Huck (Hg.): Sozialgeschichte der Freizeit. 1980, S. 207–222 (interessanter Teilaspekt).

Zu Imperialismus und Krieg.

K.J. Bade (Hg.): Imperialismus und Kolonialmission. 1982; H. Gründer: Christliche Mission und deutscher Imperialismus (1884–1914). 1982; K. Hammer: Weltmission und Kolonialismus. 1978; ders.: Deutsche Kriegstheologie (1870–1918). 2. Aufl. 1974 (Schwerpunkt liegt auf dem Protestantismus).

Zum Verhältnis der Konfessionen

A. Rauscher (Hg.): Probleme des Konfessionalismus in Deutschland seit 1800. 1984; C. Köhle-Hezinger: Evangelisch-Katholisch. Untersuchungen zu konfessionellem Vorurteil und Konflikt im 19. und 20. Jahrhundert. Vornehmlich am Beispiel Württembergs. 1976.

Religion und die „unteren" Volksschichten

Forschungsbericht bei Evans, Richard J.: Religion and Society in Modern Germany, in: ders.: Rethinking German History. London 1982. – J. Mooser: Arbeiter, Bürger und Priester in den konfessionellen Arbeitervereinen im deutschen Kaiserreich, 1880–1914, in: J. Kocka (Hg.): Arbeiter und Bürger im 19. Jahrhundert. 1986, S. 79–105 (mit guten Literaturangaben).

Zum Verhältnis von Konfession, Gesellschaftsstruktur und Mentalität

A. Burger: Religionszugehörigkeit und soziales Verhalten. Untersuchungen und Statistiken der neueren Zeit in Deutschland. 1964; Golde, Günter: Catholics and Protestants. Agricultural Modernization in two German Villages. London 1975; Wahl, Alfred: Confession et comportement dans les campagnes d'Alsace et de Bade (1871–1939). Catholiques, protestants, et juifs: démographie, dynamisme économique et social, vie de relations et attitude politique. 2 Bde. Metz 1980 (ausgezeichnete Fallstudie); M. Baumeister: Parität und katholische Inferiorität. Untersuchungen zur Stellung des Katholizismus im Deutschen Kaiserreich. 1987 (mit weiterer Literatur).

Einzelnes

M. Schmidt/G. Schwaiger (Hg.): Kirchen und Liberalismus im 19. Jahrhundert. 1976.

Tal, Uriel: Christians and Jews in Germany, 1870–1914. Ithaca, London 1975.

W. K. Blessing: Staat und Kirche in der Gesellschaft. Institutionelle Autorität und mentaler Wandel in Bayern während des 19. Jahrhunderts. 1982 (exemplarische Regionalstudie zur „Mentalität").

Literatur zum Katholizismus

Umfassend und für alle Fragen dieses Teils wichtig: Handbuch der Kirchengeschichte, hg. von H. Jedin, Bd. VI, 1 (bis 1878) und 2 (bis 1914). 1971/73, Neudruck 1985; Geschichte der Kirche, hg. von L. J. Rogier/R. Aubert/M. D. Knowles. Band V, 1. 1976; G. Maron: Die römisch-katholische Kirche von 1870 bis 1970. 1972 (evangelisch).

Wichtige Perspektiven

C. Bauer: Deutscher Katholizismus. Entwicklungslinien und Profile. 1964; H. Hürten, Kurze Geschichte des deutschen Katholizismus 1800–1960. 1986; A. Rauscher (Hg.): Religiös-kulturelle Bewegungen im deutschen Katholizismus seit 1800. 1986.

Altmodische Traditionsgeschichten

W. Spael: Das katholische Deutschland im 20. Jahrhundert. Seine Pionier- und Krisenzeiten 1890–1945. 1964 (Insider-Perspektive); K. Buchheim: Ultramontanismus und Demokratie. Der Weg der deutschen Katholiken im 19. Jahrhundert. 1963 (einseitig überzogen, aber nicht unwichtig).

Nützliche moderne Biographie

R. Morsey/J. Aretz/A. Rauscher (Hg.): Zeitgeschichte in Lebensbildern. Aus dem deutschen Katholizismus des 19. und 20. Jahrhunderts. 5 Bde. 1973–1982.

Zur Theologie

L. Scheffczyk (Hg.): Theologie im Aufbruch und Widerstreit. Die deutsche katholische Theologie im 19. Jahrhundert. 1965; M. Schoof: Der Durchbruch der neuen katholischen Theologie. Ursprünge, Wege, Strukturen. 1969; H. Fries/G. Schwaiger (Hg.): Katholische Theologen im 19. Jahrhundert. Bd. I–III 1975; G. Schwaiger (Hg.): Kirche und Theologie im 19. Jahrhundert. 1975; P. Neuner: Döllinger als Theologe der Ökumene. 1979.

Zum vatikanischen Konzil

A. B. Hasler: Pius IX. (1846–1878). Päpstliche Unfehlbarkeit und 1. Vatikanisches Konzil. Dogmatisierung und Durchsetzung einer Ideologie. 1977 (etwas einseitig romkritisch, aber letzte umfassende Darstellung); V. Conzemius: Katholizismus ohne Rom. Die altkatholische Kirchengemeinschaft. 1969.

Zum „Liberalen" Katholizismus

H. Schiel: Im Spannungsfeld von Kirche und Politik – Franz Xaver Kraus. 1951; F.-X. Kraus: Liberaler Katholizismus. Biographische und kirchenhistorische Essays, kommentiert und herausgegeben von Ch. Weber. 1983.

Zum Reformkatholizismus

O. Schroeder: Aufbruch und Mißverständnis. Zur Geschichte der reformkatholischen Bewegung. 1969; E. Weinzierl (Hg.): Der Modernismus. Beiträge zu seiner Erforschung. 1974; G. Schwaiger (Hg.): Aufbruch ins 20. Jahrhundert. Zum Streit um Reformkatholizismus und Modernismus. 1976; Loome, Thomas Michael: Liberal Catholicism, Reform Catholiciscm, Modernism. A Contribution to a New Orientation in Modernist Research. Mainz 1979 (mit umfangreicher Bibliographie).

Ch. Weber: Der „Fall Spahn" (1901). Ein Beitrag zur Wissenschafts- und Kulturdiskussion im ausgehenden 19. Jahrhundert. 1980.

Zum Vereinskatholizismus

B. Hanssler (Hg.): Die Kirche in der Gesellschaft. Der deutsche Katholizismus und seine Organisationen im 19. und 20. Jahrhundert. 1961; E. Ritter: Die katholisch-soziale Bewegung Deutschlands im 19. Jahrhundert und der Volksverein. 1954; H. Heitzer: Der Volksverein für das katholische Deutschland im Kaiserreich, 1890–1918. 1979 (stark auf Volksbildung konzentriert); J. Horstmann: Katholizismus und moderne Welt. Katholikentage, Wirtschaft, Wissenschaft 1848 bis 1914. 1976; W. Spael: Die Görresgesellschaft 1876–1941. Grundlagen, Chronik, Leistungen. 1957 (altmodisch, aber kenntnisreich); A. Kall: Katholische Frauenbewegung in Deutschland. Eine Untersuchung zur Gründung katholischer Frauenvereine im 19. Jahrhundert. 1983.

Katholizismus und das Volk

Sperber, Jonathan: Popular Catholicism in Nineteenth-Century Germany. Princeton 1984 (sehr gut, reicht nur in die Anfänge unserer Zeit).

Katholische Kirche und Staat

(Zum Kulturkampf s. die obengenannte Verfassungsgeschichte von Huber und die katholischen Kirchengeschichten).

E. Heinen: Staatliche Macht und Katholizismus in Deutschland. 2 Bde. 1969–1979; Ch. Weber: Kirchliche Politik zwischen Rom, Berlin und Trier 1876–1888. Die Beilegung des preußischen Kulturkampfes. 1970; H. M. Körner: Staat und Kirche in Bayern 1886–1918. 1977; zwei komplementäre Hauptwerke zu einem exemplarischen Einzelstaat: L. Gall: Der Liberalismus als regierende Partei. Das Großherzogtum Baden zwischen Restauration und Reichsgründung. 1968; J. Becker: Liberaler Staat und Kirche in der Ära von Reichsgründung und Kulturkampf. Geschichte und Strukturen ihres Verhältnisses in Baden 1860–1876. 1973.

Zum Verhältnis von Katholizismus und Nationalismus

R. Morsey: Die deutschen Katholiken und der Nationalstaat zwischen Kulturkampf und Erstem Weltkrieg, zuletzt in: G. A. Ritter (Hg.): Die deutschen Parteien vor 1918. 1973, S. 270–298; E. Iserloh: Der Katholizismus und das Deutsche Reich von 1871, in: D. Albrecht u. a. (Hg.): Politik und Konfession, Festschrift K. Repgen 1983, S. 213–229; A. Langner (Hg.): Katholizismus, nationaler Gedanke und Europa seit 1800. 1985.

H. Lutz: Demokratie im Zwielicht. Der Weg der deutschen Katholiken aus dem Kaiserreich in die Republik 1914–1925. 1963; H. Missalla: „Gott mit uns“. Die deutsche katholische Kriegspredigt 1914–1918. 1968; R. van Dülmen: Der deutsche Katholizismus und der Erste Weltkrieg, in: Francia 2 (1974), S. 347–376.

Katholisch-soziale Ideen und Bewegungen

A. Rauscher (Hg.): Der soziale und politische Katholizismus: Entwicklungslinien in Deutschland 1803–1963, Bd. 1. 1981; F. J. Stegmann: Der soziale Katholizismus und die Mitbestimmung in Deutschland. Vom Beginn der Industrialisierung bis zum Jahre 1933. 1974; A. Langner (Hg.): Theologie und Sozialethik im Spannungsfeld der Gesellschaft. Untersuchungen zur Ideengeschichte des deutschen Katholizismus im 19. Jahrhundert. 1974; E. Hanisch: Konservatives und revolutionäres Denken. Deutsche Sozialkatholiken im 19. Jahrhundert. 1975; E. Iserloh: Die soziale Aktivität der Katholiken im Übergang von caritativer Fürsorge zu Sozialreform und Sozialpolitik. 1975 (Ketteler); Novak, Michael: Freedom with

Justice: Catholic Social Thought in Nineteenth-Century Germany. Princeton 1984.

U. Berger: Arbeiterbewegung und Demokratisierung. Diss. Freiburg 1971 (Katholische Arbeiterbewegung 1890 bis 1914); U. Schmidt: Katholische Arbeiterbewegung zwischen Integralismus und Interkonfessionalismus: Wandlungen eines Milieus, in: R. Ebbighausen/F. Tiemann (Hg.): Das Ende der Arbeiterbewegung in Deutschland? 1984, S. 216–239; über katholische Arbeiterbewegung siehe auch oben bei den interkonfessionellen Werken, besonders Schneider und Denk.

Katholiken und Zentrumspartei

Evans, Ellen Lovell: The German Center Party 1870–1933. A Study in Political Catholicism. Carbondale, Edwardsville 1981; Zeender, John K.: The German Center Party, 1890–1906. Philadelphia 1976 (eigentlich aus den 50er Jahren); Ross, Ronald J.: Beleaguered Tower. The Dilemma of Political Catholicism in Wilhelmine Germany. Notre Dame 1976 (vornehmlich 1900–1914); Blackbourn, David: Class, Religion and Local Politics in Wilhelmine Germany. The Centre Party in Württemberg before 1914. Wiesbaden 1980 (wichtig); W. Loth: Katholiken im Kaiserreich. Der politische Katholizismus in der Krise des wilhelminischen Deutschlands. 1984 (oft überscharf pointierend, aber umfassend und bedeutend); W. Bekker (Hg.): Die Minderheit als Mitte (Zentrum 1871–1933). 1986.

A. M. Birke: Bischof Ketteler und der deutsche Liberalismus 1971; Anderson, Margaret L.: Windthorst. A Political Biography. Oxford 1981.

Zum Konflikt vor 1914

Die gerade erwähnten Bücher von Ross und vor allem Loth; dazu H. Heitzer: Georg Kardinal Kopp und der Gewerkschaftsstreit 1900–1914. 1983.

Literatur zum Protestantismus

Allgemeine Kirchengeschichte

F. W. Kantzenbach: Der Weg der evangelischen Kirche vom 19. zum 20. Jahrhundert. 1968; K. Kupisch: Die deutschen Landeskirchen im 19. und 20. Jahrhundert. 2. Auflage 1975; E. Beyreuther: Die Erweckungsbewegung. 2. Auflage 1977; W. Elliger (Hg.): Die evangelische Kirche der Union. 1967; Groh, John E.: Nineteenth Century German Protestantism. The Church as Social Model. Washington D. C. 1982.

Zur Kirchenverfassung

G. Besier: Preußische Kirchenpolitik in der Bismarckära. Die Diskussion in Staat und Evangelischer Kirche um eine Neuordnung der kirchlichen Verhältnisse Preußens zwischen 1866 und 1872. 1980.

Zur Geschichte der Theologie

K. Barth: Die protestantische Theologie im 19. Jahrhundert. Ihre Vorgeschichte und ihre Geschichte. 3. Auflage 1960 (stärker aufs frühe 19. Jahrhundert bezogen); H. Stephan: Geschichte der deutschen evangelischen Theologie seit dem deutschen Idealismus. 2. neu bearb. Aufl. v. M. Schmidt. 1960; F. Flückiger/W. Anz: Theologie und Philosophie im 19. Jahrhundert. 1975; M. Greschat (Hg.): Theologen des Protestantismus im 19. und 20. Jahrhundert. 1981 (sehr nützlich); F. Mildenberger: Geschichte der deutschen evangelischen Theologie im 19. und 20. Jahrhundert. 1981 (schwierig, eigenwillig).

Einzelne Theologen

H. Timm: Theorie und Praxis in der Theologie Albrecht Ritschls und Wilhelm Hermanns. Ein Beitrag zur Entwicklungsgeschichte des Kulturprotestantismus. 1967; J. Richmond: Albrecht Ritschl. Eine Neubewertung. 1982; W. Döbertin: Adolf von Harnack: Theologe, Pädagoge, Wissenschaftspolitiker. 1985; K. E. Apfelbacher: Frömmigkeit und Wissenschaft. Ernst Troeltsch und sein theologisches Programm. 1978; Wyman, Walter E.: The Concept of Glaubenslehre: Ernst Troeltsch and the Theological Heritage of Schleiermacher. Chico, Cal. 1983; H. Renz/F. W. Graf (Hg.): Troeltsch-Studien, 3 Bde. 1982–84; G. Brakelmann: Protestantische Kriegstheologie im Ersten Weltkrieg. Reinhold Seeberg als Theologe des deutschen Imperialismus. 1974.

Liberaler Protestantismus allgemein

J. Rathje: Die Welt des freien Protestantismus. Ein Beitrag zur deutsch-evangelischen Geistesgeschichte. Dargestellt am Leben und Werk von Martin Rade. 1952.

Zu zwei Organisationstypen innerhalb des Protestantismus

J.-Ch. Kaiser: Frauen in der Kirche. Evangelische Frauenverbände im Spannungsfeld von Kirche und Gesellschaft 1890–1945. (Quellen und Materialien, hg. von A. Kuhn) 1985 (primär Quellensammlung mit kürzeren, einleitenden Texten von Kaiser).

W. Fleischmann-Bisten/H. Grote: Protestanten auf dem Wege. Geschichte des Evangelischen Bundes. 1986.

Zu Protestantismus, Nationalismus und Reichsgründung

H. Zillessen (Hg.): Volk – Nation – Vaterland. Der deutsche Protestantismus und der Nationalismus. 1970; E. Bammel: Die Reichsgründung und der deutsche Protestantismus. 1973; G. Brakelmann: Der Krieg 1870/71 und die Reichsgründung im Urteil des Protestantismus, in: W. Huber/J. Schwerdtfeger (Hg.): Kirche zwischen Krieg und Frieden. Studien zur Geschichte des deutschen Protestantismus. 1976; K. E. Pollmann: Protestantismus und preußisch-deutscher Verfassungsstaat, in: W. Pöls (Hg.):

Staat und Gesellschaft im politischen Wandel. Festschrift W. Bußmann. 1979.

Zu Imperialismus und Krieg

K. J. Bade: Friedrich Fabri und der Imperialismus in der Bismarckzeit. Revolution – Depression – Expansion. 1975 (Fabri war ein führender Mann der Mission). W. Mogk: Paul Rohrbach und das „Größere Deutschland". Ethischer Imperialismus im Wilhelminischen Zeitalter. 1972; B. Wiegand: Krieg und Frieden im Spiegel führender protestantischer Presseorgane Deutschlands und der Schweiz in den Jahren 1890–1914. 1976.

W. Pressel: Die Kriegspredigt 1914–1918 in der evangelischen Kirche Deutschlands. 1967; W. Huber: Evangelische Theologie und Kirche beim Ausbruch des Ersten Weltkrieges, in: Ders. (Hg.): Historische Beiträge zur Friedensforschung. 1970, S. 134–215; K. Hammer: Der deutsche Protestantismus und der Erste Weltkrieg, in: Francia 2 (1974), S. 398–414; G. Mehnert: Evangelische Kirche und Politik 1917–1919. Die politischen Strömungen im deutschen Protestantismus von der Julikrise 1917 bis zum Herbst 1919. 1959; G. Brakelmann: Der deutsche Protestantismus im Epochenjahr 1917. 1974.

Protestanten und „Soziale Frage"

G. Brakelmann: Kirche, soziale Frage, Sozialismus. Bd. 1: Kirchenleitungen und Synoden über soziale Frage und Sozialismus 1871–1914. 1977; K. E. Pollmann: Landesherrliches Kirchenregiment und soziale Frage. Der evangelische Oberkirchenrat der altpreußischen Landeskirche und die sozialpolitische Bewegung der Geistlichen nach 1890. 1973: E. J. Kouri: Der deutsche Protestantismus und die soziale Frage 1870–1919. Zur Sozialpolitik im Bildungsbürgertum. 1984 (brauchbare Zusammenfassung der Literatur).

G. Brakelmann: Kirche und Sozialismus im 19. Jahrhundert. Die Analyse des Sozialismus und Kommunismus bei Johann Hinrich Wichern und bei Rudolf Todt. 1966.

M. Schick: Kulturprotestantismus und soziale Frage. Versuche zur Begründung der Sozialethik vornehmlich in der Zeit von der Gründung des Evangelisch-Sozialen Kongresses bis zum Ausbruch des ersten Weltkrieges (1890–1914). 1970; G. Kretschmar: Der Evangelisch-Soziale Kongreß. Der deutsche Protestantismus und die soziale Frage. 1972.

Evangelische Arbeitervereine

G. Lewek: Kirche und soziale Frage um die Jahrhundertwende. Dargestellt am Wirken Ludwig Webers. 1963; B. Feyerabend: Die evangelischen Arbeitervereine. Eine Untersuchung über ihre religiösen, geistigen, gesellschaftlichen und politischen Grundlagen und über ihre Entwicklung bis zum ersten Weltkrieg. Diss. Frankfurt a. M. 1955.

Kirche und Arbeiter

W. Marquardt: Arbeiterbewegung und evangelische Kirchengemeinde im wilhelminischen Deutschland. Kirchstuhlfrage und Kirchenvorstandswahlen in Groß Lengden bei Göttingen. 1985; J. Reulecke/W. Weber (Hg.): Fabrik – Familie – Feierabend. Beiträge zur Sozialgeschichte des Alltags im Industriezeitalter. 1978; darin: A. Kraus: Gemeindeleben und Industrialisierung. Das Beispiel des evangelischen Kirchenkreises Bochum, S. 273–296; G. Brakelmann: Evangelische Pfarrer im Konfliktfeld des Ruhrbergarbeiterstreiks von 1905, S. 297–314; J. Brenning: Christentum und Sozialdemokratie. Paul Göhre: Fabrikarbeiter – Pfarrer – Sozialdemokrat. Diss. Marburg 1980.

Literatur zu Atheismus, Religionskritik, vagierender Religiosität

Zur Entkirchlichung

R. Marbach: Säkularisierung und sozialer Wandel im 19. Jahrhundert. Die Stellung von Geistlichen zu Entkirchlichung und Entchristianisierung in einem Bezirk der hannoverschen Landeskirche. 1978 (Fallstudie); Lidtke, Vernon L.: Social Class and Secularisation in Imperial Germany: The Working Classes, in: Year Book of the Leo Baeck Institute 25 (1980), S. 21–40.

Zur Säkularisierung

W. Lütgert: Die Religion des deutschen Idealismus und ihr Ende, Bd. 4: Das Ende des Idealismus im Zeitalter Bismarcks. 1930 (altmodisch und etwas überholt, aber reich an Zeugnissen); Chadwick, Owen: The Secularization of the European Mind in the 19th Century. Cambridge 1975.

Zu Atheismus und Religionskritik allgemein

F. Mauthner: Der Atheismus und seine Geschichte im Abendlande. 4 Bde. 1920–1923. ND Hildesheim 1963; F. W. Kantzenbach: Religionskritik der Neuzeit. Einführung in ihre Geschichte und Probleme. 1972; K.-H. Weger (Hg.), Religionskritik von der Aufklärung bis zur Gegenwart. Autoren-Lexikon von Adorno bis Wittgenstein. 1979; Stein, Gordon (Hg.): The Encyclopedia of Unbelief. 2 Bde. Buffalo, N. Y. 1985.

Zu Hauptphasen der Religionskritik

F. W. Graf: Kritik und Pseudospekulation. David Friedrich Strauß als Dogmatiker im Kontext der oppositionellen Theologie seiner Zeit. 1982.

Kelly, Alfred: The Descent of Darwin: The Popularization of Darwinism in Germany, 1860–1914. Chapel Hill 1981; Gasmann, Daniel: The Scientific Origins of National Socialism: Social Darwinism in Ernst Haeckel and the German Monist League. London, New York 1971.

K. Löwith: Nietzsches Philosophie der ewigen Wiederkehr des Gleichen. 3. Auflage 1978; E. Biser: Gott ist tot: Nietzsches Destruktion des christlichen Bewußtseins. 1962; ders.: Gottsucher oder Antichrist: Nietzsches provokative Kritik des Christentums. 1982; ders. (Hg.): Besieger Gottes und des Nichts: Nietzsches fortdauernde Provokation. Düsseldorf 1982.

F. Stern: Kulturpessimismus als politische Gefahr. Eine Analyse nationaler Ideologie in Deutschland. 1963 (u.a. für Lagarde und Langbehn und ihre Ideen kultureller und nationaler Religion wichtig).

Zu Freireligiösen Organisationen

F. Heyer (Hg.): Religion ohne Kirche. Die Bewegung der Freireligiösen. Ein Handbuch. 1977.

Zu den Freidenkern

J.-Ch. Kaiser: Arbeiterbewegung und organisierte Religionskritik. Proletarische Freidenkerverbände in Kaiserreich und Weimarer Republik. 1981 (mit viel Literatur auch zu den „bürgerlichen" Freidenkern).

Zu Sozialdemokratie und Religion

H. Grote: Sozialdemokratie und Religion. Eine Dokumentation für die Jahre 1863–1875. 1968; R. Reitz: Christen und Sozialdemokratie. 1983.